连锁企业数据处理与信息管理

LIANSUO QIYE SHUJU CHULI YU XINXI GUANLI

主 编 于 威
副主编 潘洪锋

大连理工大学出版社

图书在版编目(CIP)数据

连锁企业数据处理与信息管理 / 于威主编. -- 大连：大连理工大学出版社，2021.2(2023.2重印)
ISBN 978-7-5685-2833-7

Ⅰ．①连… Ⅱ．①于… Ⅲ．①连锁企业－企业管理－数据处理－高等职业教育－教材②连锁企业－企业管理－信息管理－高等职业教育－教材 Ⅳ．①F717.6

中国版本图书馆 CIP 数据核字(2020)第 247222 号

大连理工大学出版社出版

地址：大连市软件园路 80 号　邮政编码：116023
发行：0411-84708842　邮购：0411-84708943　传真：0411-84701466
E-mail：dutp@dutp.cn　URL：http://dutp.dlut.edu.cn
大连永盛印业有限公司印刷　　大连理工大学出版社发行

幅面尺寸：185mm×260mm	印张：10.25	字数：249 千字
2021 年 2 月第 1 版		2023 年 2 月第 2 次印刷

责任编辑：王　健　　　　　　　　　　　责任校对：刘俊如
封面设计：张　莹

ISBN 978-7-5685-2833-7　　　　　　　　定　价：27.80 元

本书如有印装质量问题，请与我社发行部联系更换。

前言 Preface

2019年，新冠肺炎疫情对中小微企业产生了严重冲击和影响，但一些企业以此为契机积极推进数字化转型，运用互联网、人工智能、大数据、云计算等技术支持企业复工复产、保障生产生活，大幅提升了管理效能、作业效率，有效降低了企业运营成本，弥补经营损失，同时也缓解了裁员压力。然而，一些中小微企业在数字化转型的过程中存在不想转、不会转、不敢转的问题，为了解决中小微企业数字化转型困境问题，2020年，中国政府助力中小微企业数字化转型的数字化转型伙伴行动开始。在世界经济数字化转型已成为大势所趋的背景下，具备数字素养的高职学生必将受到中小微企业的青睐。

在中国，连锁经营已经呈现跨行业、多业态、全方位的发展态势。可以说，连锁经营具有巨大的发展潜力，连锁经营也是企业扩大经营规模的有效途径。一个商业连锁企业通常由门店、总部、配送中心三部分组成，管理信息系统的出现让三者之间实现了连锁反应。随着网络技术、通信技术、人工智能、大数据、云计算等技术的发展，管理信息系统的定义范畴不断扩大，发展至今，连锁企业已经可以通过"上云、用数、赋智"来提高企业的生存能力与利润增长能力。具备数字素养的高职学生更能适应中小微连锁企业的人才需求，更具有求职就业潜力。

本教材内容以适应中小微连锁企业数字化转型对人才的需求为目标，编者对中小微连锁企业的数字化转型面临的困境进行调研，形成教材的知识体系、实践体系、思政育人体系，对学生进行系统、全面的理论提升、训练强化、素养培育，提升高职学生的数字素养、就业能力。

本教材的主要特点如下：

1. 校企共建。编者通过对多家连锁企业的调研，获得企业管理信息系统的使用情况，如"上云、用数、赋智"情况，从而提高了教材内容和企业管理实践的贴合度。

2. 课证连接。鉴于企业数据的保密性、流程的不可复制性，为了提高学生的实践能力,教材中,我们引用了1+X职业技能等级证书培训企业的相关模拟实践资料。

3. 教书育人。教材中每个学习单元都穿插了思政园地,在传授知识的同时,对学生进行爱国、敬业、诚信、友善的教育。

4. 微课资源。对企业资源、流程、管理等相关专业知识提供了微课,为教材提供了广而深的基础支撑,更利于学生的学习。

5. 任务驱动。教材设置了任务描述、任务分析、相关知识、任务实施、巩固练习、强化训练六个环节,让学生在教、学、做中完成知识与技能的提升。

本教材由大连职业技术学院于威任主编,中教畅享(北京)科技有限公司潘洪锋任副主编,华信计算机新技术培训中心王智涛、大连职业技术学院马琼、王曦东、刘畅参与了部分内容的编写。

具体编写分工如下:

于威、王智涛编写项目一,于威编写项目二、项目三、项目四,马琼编写项目五,潘洪锋、王曦东编写项目六,刘畅整理了所有项目的强化训练,潘洪锋负责所有项目的任务描述、任务实施与巩固练习。

在编写本教材的过程中,编者参考、引用和改编了国内外出版物中的相关资料以及网络资源,在此表示深深的谢意!相关著作权人看到本教材后,请与出版社联系,出版社将按照相关法律的规定支付稿酬。

中小微连锁企业正处在数字转型期,在实践中,知识也在不断更新,加之编者水平有限,编写时间仓促,教材中仍可能存在疏漏之处,敬请广大读者批评指正。

编 者
2021 年 2 月

所有意见和建议请发往:dutpgz@163.com
欢迎访问职教数字化服务平台:http://sve.dutpbook.com
联系电话:0411-84706671 84707492

目录 Contents

学习单元一　连锁企业数字化与信息化 ························· 1
 任务一　区分数据与信息 ································· 2
 任务二　认识业务数字化与信息管理 ························· 7
 任务三　认识云与企业数字化 ······························ 18

学习单元二　连锁企业数据收集与录入技术 ····················· 31
 任务一　分类与编码的应用 ································ 32
 任务二　条码技术的利用 ·································· 36
 任务三　其他自动识别技术的利用 ··························· 49

学习单元三　连锁企业数据分析与挖掘 ························· 56
 任务一　认识商业智能 ···································· 57
 任务二　了解商业分析 ···································· 61
 任务三　运用商业分析指标 ································ 67

学习单元四　连锁企业信息管理基础 ··························· 79
 任务一　了解连锁企业业务流程 ····························· 80
 任务二　认识企业资源 ···································· 86
 任务三　认识管理信息系统架构 ····························· 93

学习单元五　连锁企业业务流程梳理与管理信息系统操作 ········· 102
 任务一　销售管理流程梳理与子系统操作 ······················ 103
 任务二　营销管理流程梳理与子系统操作 ······················ 109
 任务三　采购管理流程梳理与子系统操作 ······················ 118
 任务四　仓储管理业务流程梳理与子系统操作 ·················· 131

学习单元六　连锁企业电子商务应用 ··························· 142
 任务一　认识电子商务的含义 ······························ 143
 任务二　认识电子货币支付 ································ 148

参考文献 ·· 156

学习单元一

连锁企业数字化与信息化

目标体系

知识目标	能力目标
了解数据类型,数据数字化; 掌握数据来源,信息特征,信息功能; 理解数据向信息的转化; 掌握信息管理的发展阶段; 掌握信息处理过程、管理信息系统的特点、功能、类型; 掌握连锁企业管理信息系统的相关知识; 了解网络技术的发展; 掌握新媒体常见类型; 掌握企业信息化的内容; 掌握云相关知识; 了解连锁企业数字化	初步具备数据向信息转化的能力; 初步具备选择管理信息系统的能力; 初步具备判断企业信息化进程的能力; 初步具备云供应商选择能力; 初步具备判断企业数字化进程的能力

知识体系

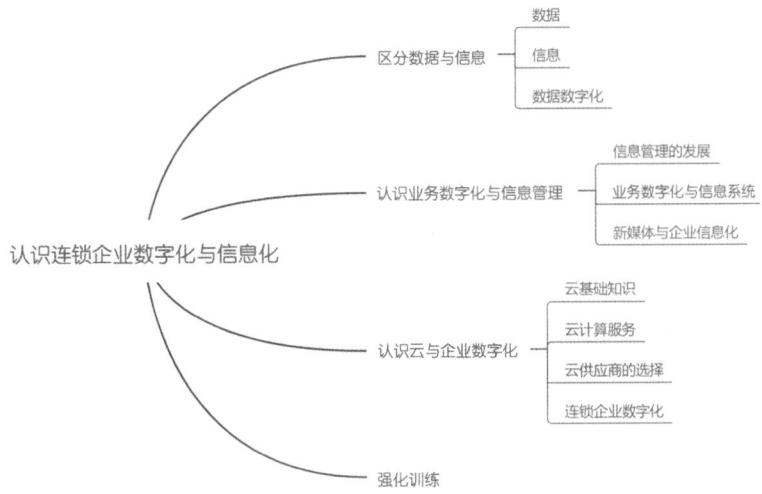

任务一　区分数据与信息

任务描述

小明毕业后选择了创业,他开了一家社区便利店。为了方便管理,小明雇了两名员工,并选择了美萍进销存管理系统,将便利店经营的商品名称、参数、软件使用者的姓名、供应商的名称、地址录入信息系统。运营一个月后,小明利用该软件对便利店经营的商品进行了盘点,对比销量后发现供应商 A 供应的商品销量最低,员工小红的月销售额比小兰的高 20%。

上述商品名称、参数、软件使用者的姓名、供应商的名称、地址是数据还是信息?供应商 A 供应的商品销量最低、员工小红的月销售额比小兰的高 20% 是数据还是信息?这个软件让小微企业实现了数字化和信息化了吗?

任务分析

在学习、生活、工作中,人们对数据和信息并没有严格的区分,但随着企业数字化、信息化的深入,不同的企业对数据的使用能力千差万别,数据只有通过企业的加工转化为信息,才有可能给企业带来利润。作为高职新商科专业的学生,需要了解数据与信息的知识,知道什么是数据、什么是信息、什么是数据数字化,在中小微企业的数字化与信息化路上找到自己的位置。

相关知识

一、数据

数据是什么?为什么要把数据和信息分开来写?为什么有大数据?虽然关于数据、大数据、信息有太多的界定和说法,但有一点是明确的,数据和信息具有不同的含义。数据是还没有加工的数字和事实。传统意义的数据指日常生活中各种纸面统计数据,以及文学、图像或视频等形式的数据;现今数据多指传统意义的数据借助于识别技术、互联网技术、计算机技术、通信技术、密码学转变成的"电子数据"。这里介绍的数据就是"电子数据"。

1. 数据类型

常见的数据类型主要有三种:一是非结构化数据,如文本、视频、音频和图片。二是半结构化数据,包括电子邮件、软件包/模块、电子表格、财务报表。三是结构化数据,如数仓库/商业智能数据、传感器/机器数据记录、关系型数据库管理系统的数据等。

根据企业对数据管理的内容及范畴划分，企业数据主要有四种：一是主数据，是一个企业内部必须有的核心数据，各种应用均会使用该数据，如客户、员工、供应商、产品、地址、合同。二是交易数据，用于记录业务事件，描述某一时间点上业务系统发生的行为，如金融交易过程的订单、支付数据、发票，表示工作过程的计划和活动记录，反映物流变化的物流记录、存储记录和履行记录。三是参考数据，定义一组在其他数据领域允许使用的数据，它用代码来表示字符串值，如国家代码、公司代码等。四是元数据，其通常被称为"数据的数据"，它主要是描述数据属性的信息，具有指示存储位置、历史数据、资源查找、文件记录等功能。

2. 数据来源

企业数据主要有六个来源：一是企业为使管理信息系统运行所必须录入的企业资源数据，如客户、员工、组织部门、产品、仓库、门店等数据。二是企业运行产生的数据，如销售、库存等数据。三是互联网产生的数据，如新零售电商的在线销售的订单数、社交网站的浏览量和手机GPS产生的位置信息等数据。四是利用物联网收集的数据，如红外线、超声波、微波雷达、感应圈等传感器收集的车辆信息，医疗传感器节点采集的人体生理参数信息。五是各个行业收集的数据，如移动、联通、电信运营商收集的关于用户年龄、品牌、资费、入网渠道等数据。六是科学实验与观测数据，如高能物理实验数据、生物数据、空间观测数据等。

二、信息

对同一个数据，每个人的解释可能不同，其对决策的影响也可能不同。决策者利用经过处理的数据做出决策，可能取得成功，也可能得到相近的结果，关键在于对数据的解释是否与市场对接，不同的解释往往与不同的背景和目的相关。因此，从信息管理的角度看，信息是按照用户的需要经过加工处理的数据，对信息的加工是信息管理工作的核心。

1. 信息的特征

信息有如下特征：

(1)信息具有普遍性、客观性和主观性。

(2)信息具有无限性。

(3)信息具有依附性与独立性。

(4)信息具有价值与使用价值。

(5)信息具有传递性。

(6)信息具有共享性。

(7)信息具有可加性。

(8)信息具有时效性与滞后性。

2. 数据向信息的转化

很多中小微企业的数据是无法获得经济效益的，这些企业对数据仓库不了解，也很少关注资金流之外的资源流，对此方面的投入也不多，很难实现数据向信息的转化。可以说中小微企业的数字化道路还有很长的路要走。下面我们用一个简单的例子来解读数据向信息转化的思维。

迪丽、女、42岁、喝茶、教师，这5个数据组成的信息可以是什么样的呢？每个人站在不同背景都会有不同的解读。有的人可以从教师这个身份出发去分析迪丽在茶水方面的需求，做出茶水消费品的推荐；有的人可以从性别方面分析迪丽在茶水方面的需求，做出茶水消费品的推荐；有的人可以从42岁、女这两个数据出发去分析迪丽在茶水方面的需求，做出茶水消费品的推荐……不难发现，这实质是统计学问题，是聚类、分类、预测问题，是关联分析、序列分析问题。经过这样的转化，我们很有可能获得老商品营销、新商品推介的成功。

这里需要注意，数据转化的信息，这个信息本身没有对错，需要市场的检验。所以我们说，大数据时代的到来，带来了万众创新。如果创新的成果在市场中得到认可，具有可行性，那么这个转化而来的信息就会给企业带来效益。如果企业不去创新，不去尝试，数据永远在那里放着，就成了呆滞品，耗费了企业的内存。

数据本身没有任何背景，表明的意思也不清晰、不确切，经过数据仓库层层加工处理成为新的信息。如果企业以商务分析技术进行分析，那么数据带来的经济利益就会超出我们的想象。

3. 信息的功能

在连锁企业管理信息系统中，信息可以说是商业智能、商业分析的前端呈现，在不同类型的管理信息系统中，数据转化为信息后所发挥的功能是不同的，总结起来主要有以下功能。

信息是知识的来源，支持企业完成知识管理。数据转化为信息，信息转化为知识。在这个过程中，人的智能发挥着主导作用。区块链技术、大数据技术、云计算技术、5G技术让人工智能、商业智能、商业分析得到生活化、商业化、工业化应用，连锁企业由信息管理转向知识管理，而知识是信息加工而成的，因此说信息管理影响着知识管理。

信息是决策的依据，支持企业做出决策。从管理学的视角看决策，就是从众多的方案中选择出一个或几个。从众多方案中选出合理可行的方案，需要以全方位、立体、及时的信息为依据，可以借助于管理信息系统中的决策支持系统、商业智能、商业分析功能。

信息的流向，能辅助企业进行管理控制。数据、信息通过事务处理系统、管理信息系统输入、加工，以一定的格式、内容输出，通过输入、加工、输出数据、信息控制，实现了对连锁企业业务流程的控制。位置服务（LBS）、地理信息系统（GIS）、全球定位系统（GPS）、自动识别技术等技术的应用实现了对企业资源信息的快速捕捉与定位，辅助企业对人、财、物进行管控。

信息的共享，提高了企业管理的协调职能。协调被广泛地应用在企业管理活动过程中，协调的有效进行离不开企业管理者和员工对信息掌握的对称性，而借助于各种信息化手段实现信息的共享，将极大提高企业管理工作中协调工作的效率和效果。

思政园地

工业和信息化部：截至6月底全国5G基站已超40万个

国务院新闻办公室于2020年7月23日上午10时举行新闻发布会，工业和信息化部相关负责人介绍2020年上半年工业通信业发展情况，并答记者问。

工业和信息化部新闻发言人、信息通信发展司司长闻库对我国5G发展情况做了介绍：

一是网络建设方面。近期，每一周平均新开通的基站都超过1.5万个，到6月底，3家企业在全国已建设开通的5G基站超过了40万个。

二是终端。有网但没有手机，这张网是空转的，所以终端也是非常重要的。目前，我们有197款5G终端拿到了入网许可，5G手机今年的出货量也非常高，已经有8623万部出货了。另外，在用户发展方面，不管用套餐还是不用套餐的，连到网上的终端数截至6月底有6600万部，而且随着老百姓手机的更新换代，这个数据还在逐月攀升。5G在稳投资、促消费、助升级、培育经济发展新动能等方面的潜力，会随着这些数据的不断增长进一步显现。中国当前5G的发展仍然是处于商用的初期，真正发挥5G对经济高质量发展支撑作用，还需要进一步强化政策保障，要调动和激发各类市场主体的能动性，推动形成建设好、发展好、应用好5G良好生态。

资料来源：学习强国

三、数据数字化

企业信息化最初的目的是实现计算机信息处理代替人工信息处理，主要解决业务上的数据流问题。随着数据的激增，企业对管理信息系统产生了数据的多维信息查询、进行关联和规律分析，辅助企业决策的需求。"互联网+"使社会进入万物互联时代，企业对管理信息系统有了分析非结构数据的需求。随着互联网技术的发展、企业资源的数字化的范围越来越大，大数据时代已到来。

依附于计算机存在的管理信息系统只能识别"0"和"1"，随着Web技术的发展，海量的交易数据、海量的交互数据都需要进行数字化转变，各种类型的管理信息系统就能处理这些数据了。

数字化就是将数据转换成用"0"和"1"表示的二进制码。大数据的发展与IT的发展有着密不可分的联系，是信息技术让企业所有资源的数据得以数字化，从而可以利用计算机记录、计量、处理、分析各种数据。

数据化是指一种把现象转变成可制表分析的量化形式的过程。管理信息系统不仅仅是将企业所有资源进行数字化管理，更要注重在转换过程中准确计量、记录数据，这样才能实现后续的挖掘分析，寻找其中的规律与关联。

数字智能化、数字化+智能化被简称为数智化。数字化已经发展到数智化时代，智能穿戴设备、智能家居设备、智能生产设备等，这些智能化的设备实现了万物的自动识别，并将万物的物理化数据数字化传递给服务器,利用商业分析、人工智能实现数字化数据更广泛的应用。数智化已经成为新零售、智能制造的劳动要素

如今,数字化已经遍布各个角落,人、财、物及其之间的相互作用与关系都与数字化紧密关联。数字化技术带来了海量数据的量化,让量化一切成为现实。在数据数字化的过程中,数据元素的质量如何保证?相关数据元素之间交换和转变如何实现?企业在依托管理信息系统构建数字生态时要做好以下工作,新商科的高职学生也应该学习以下知识,培养建立基本的大数据思维与素养。

任务实施

通过以上知识的学习,你能明确任务中对商品名称、软件使用者姓名、供应商名称等相关描述是信息还是数据吗?请在表 1-1 中用"是""否"表示出来。

表 1-1　　　　　　　　　　　　　企业资源

描述	数据	信息
商品名称		
商品参数		
软件使用者姓名		
供应商名称		
供应商地址		
供应商 A 供应的商品销量最低		
小红的月销售额比小兰的高 20%		

巩固练习

1.通过图 1-1 数据可视化柱状图显示的数据,你可以得到什么信息,根据你分析得到的信息,你会做出怎样的决策?(数据—信息—决策的转化思维练习)

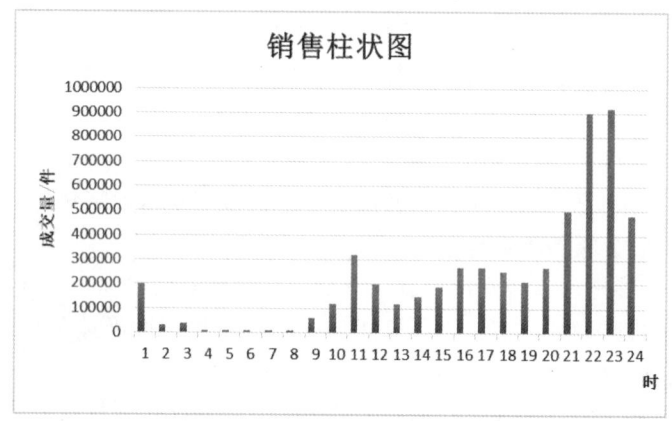

图 1-1　某品牌男衬衫销量柱状图

2.请将表1-2中企业资源数据进行数字化。

表1-2　　　　　　　　　　　　　　资源数据表

企业资源数据（组织、人）	企业资源数据（物）	
农夫山泉股份有限公司	玫瑰荔枝红茶 500 ml	饮料库
采购部	柚子绿茶 500 ml	日用品库
销售部	柠檬红茶 500 ml	日配食品库
食品组	西柚茉莉花茶 500 ml	—
日配组	蜜桃乌龙茶 500 ml	—
李明	玫瑰荔枝红茶 500 ml	—
王红	柚子绿茶 500 ml	—

任务二　认识业务数字化与信息管理

任务描述

小明的社区便利店利用美萍进销存管理系统，已经完全实现了便利店内部资源数据的数字化，小明借助于美萍进销存管理系统进行收银操作，提高了买卖业务的效率和数据记录准确性。一天，小明在国际连锁商业企业工作的同学小红来到了小明的店里，看到了小明对这款软件的应用情况，给了他一些使用上的建议：

(1)建立会员管理。
(2)商品分库管理。
(3)建立供应商管理。
(4)建立员工管理。

在这些管理的基础上，利用这款软件也可以进行数据分析，形成有用信息，支撑运营决策。

以上描述说明小明的社区便利店将要从资源数据数字化进入新的阶段，你知道是什么阶段吗？

任务分析

很多中小微企业对管理信息系统的应用仅是资源数据的数字化，但企业在运营的过程中，不可避免地会进行各种业务活动，伴随着不同的业务活动，会产生资源的流动，如果资源已经数字化，那么业务活动也会在被数字化后存储在管理信息系统中的。企业的规模越大，对管理信息系统的要求就越高，也就产生了不同类型的管理信息系统。由信息管理思想态到物理态实际应用，由物理态实际应用到虚拟态管理信息系统，信息管理发展经历了不同的历史阶段。

作为高职新商科专业的学生,需要了解业务活动中资源数据流动带来的业务数字化,需要了解信息管理的发展阶段,知道所就职的中小微企业的信息管理处在什么水平和阶段、数字化达到什么程度,为中小微企业数字化转型献力献策。

相关知识

信息管理就是对信息的管理,信息管理不是一个新鲜事物,它是随着人类的出现而产生的。中国《易经》中记载了结绳计数的故事,实质就是在文字没有产生之前对信息管理的一种原始形式。

一、信息管理的发展

不同的学者对信息管理的发展阶段有不同的划分,中国学者马费成教授在前人的研究基础上形成了四阶段说,分别为传统管理阶段、技术管理阶段、资源管理阶段、知识管理阶段。

(一)传统管理阶段

传统管理阶段以图书馆文献信息源管理为核心,以图书馆为象征,同时包含档案管理和其他文献资料管理。

在文字没有产生之前,人们只能用口头的语言来传递信息,文字产生后,人们可以用这种符号将信息和知识记录在一定的物质载体上,这就产生了最初的文献。随着人类社会的发展,文献的量越来越多,内容越来越复杂,给人们的找寻和利用带来了很大困难,图书馆便应运而生,收藏、整理文献记录成为早期图书馆的存在方式和活动内容。我国古代的图书整理活动历史可查的有汉代刘向、刘歆的《七略》和《别录》,后又可见《汉书·艺文志》《隋书·经籍志》《四库全书》等,这些图书整理活动充分展示了我国自古以来良好的信息管理思想。

早期,图书和档案的社会机构是"同源"的。随着社会经济、科技和文化发展,文献记录的类型大量增加,图书馆作为最初的文献收藏机构,逐渐与档案馆分流,成为知识和文献收藏、整理和提供社会信息交流的机构,形成了独立意义的图书馆。

(二)技术管理阶段

技术管理阶段以信息流的控制为核心。这一阶段要利用计算机这一工具,以自动化信息处理和信息系统建造为主要工作内容。

计算机最先应用于图书馆的文献信息加工和管理中,使文献信息加工处理和查找的效率得到提高。同时期计算机也被广泛应用于企业和其他各类机构的行政记录处理、财务数据处理、经营活动数据处理。这些数据处理仅仅是在操作层面,也就是用机器代替手工操作,提高数据处理效率。

随着机构的记录数据越来越多,这些记录数据的处理、组织、存储问题就需要得到解决,这就需要利用系统思想,全面考虑组织机构各类数据的采集、加工、存储、检索、传输、利用等,管理信息系统(MIS)应运而生。20世纪60年代,管理信息系统(MIS)被迅速、广泛地应用于各个领域信息管理中,后来专家系统(ES)和决策支持系统(DSS)等各类现代化的信息系统和网络也被研制出来,实现了信息的高效处理、传播、利用和共享,但信息安全、信息利益被忽视,这是非常棘手的问题。

信息安全主要包括计算机安全、系统安全、数据安全、国家主权、个人隐私等;信息利益主要包括知识产权、跨国数据流、信息收费、信息成本等。

技术管理阶段着眼于用计算机技术处理信息并对信息流进行控制,技术因素占主导地位,技术专家创造了许多信息加工处理方法、系统设计开发理论,期望实现信息爆炸时代对信息的有效管理和开发利用,但在这一过程中其忽视了信息管理中其他因素的作用。

(三)资源管理阶段

资源管理阶段以信息资源管理为核心。信息资源管理克服了信息的技术管理阶段,只重视技术因素而忽视经济、社会、人文因素的缺陷。

随着互联网时代的到来,在技术管理阶段,用纯粹的技术手段不能实现对信息的有效控制和利用,人们也越来越认识到信息是一种能带来经济效益的企业资源,需要进行优化配置和管理。在这样的背景下,信息资源管理成为信息管理的必然延伸。

计算机化信息系统的建立虽然能高效解决信息管理中的许多问题,但也仅仅是从微观层次上着眼于个别机构和组织。在技术不断发展的情况下,这种模式必然导致信息系统的分散和向小型化发展的趋势,这使得信息的管理和控制反而变得更加困难,宏观层次的信息共享和信息效益无法实现。对于一个组织来说,信息的获取和有效利用才是企业真正的竞争力,而非信息技术本身。

20世纪70年代,人们开始关心人对技术引起的变化有何反应,以及人对技术应用的影响,开始着手利用行政、法律、经济等手段,结合了微观与宏观层面,协调社会信息化进程中的各种矛盾、冲突、利益关系,妥善处理信息管理中人与物的复合关系,这样就逐步形成信息资源管理的思想和观念。20世纪70年代末80年代初,美国学者小霍顿和戴波德等人提出了信息资源管理(IRM)。信息资源管理强调信息资源技术因素与人文因素的集成管理和应用,重视信息资源的开放性和共享性,是一种新的管理手段。

20世纪70年代,信息政策成为各国关注的重要领域,它不仅解决了技术管理阶段的棘手问题,随着其不断发展,还解决了信息活动中面临的各种问题,现在信息政策和信息法律已经是一个非常庞大的体系。信息政策和信息法律都属于信息管理的人文范畴,具有明显的地域性,不同国家和不同地区有各自的信息政策和信息法律,并采取不同的行政手段进行管理。信息政策和信息法律受到文化背景、社会经济发展水平、意识形态等社会人文因素的影响和制约。

(四)知识管理阶段

知识管理阶段以知识的创造、应用、学习、理解和协商为核心。知识管理是一种重视与人打交道的信息管理活动,其实质是将结构化与非结构化的信息与人们利用这些信息的规则进行联系,实现知识的创造、应用、学习、理解和协商。

知识管理的实现必须以相应的信息技术为条件,其成果最容易以技术成果的形式表现出来,最早的知识管理始于对知识管理系统的开发,其初衷是解决信息过载问题。

ERP系统是典型的知识管理产品,ERP系统体现了某种特殊的业务流程顺序与处理方法,ERP系统运行中体现了人的联合、信念、关系及共识,这是其价值所在。

二、业务数字化与信息系统

信息管理发展到技术管理阶段,出现了管理信息系统(MIS);发展到资源管理阶段,出现了决策支持系统(DSS);到了知识管理阶段,ERP系统应运而生。

系统是指相互作用和相互依存的若干部分组成的具有特定功能的有机整体。系统广泛存在于现实世界中,如物理课程中体现的封闭系统、开放系统、静态系统、动态系统。

从广义上讲,信息系统是以信息现象和信息过程为主导特征的系统;从狭义上讲,信息系统是由计算机硬件、网络、通信设备、计算机软件、信息资源、信息用户和规章制度组成的以处理信息流为目的的人机一体化系统。从技术层面上讲,信息系统是一个由收集、处理、存储、传递信息组成的相互关联的整体,用以支持决策和控制,并帮助管理者及相关人员分析问题、解决问题,实现对组织中各项活动的管理、调节、控制和创新。

各种管理信息系统的出现,实现了企业业务的数字化,让企业获得了大量的业务数据,它们分别来自供应链管理部门、企业资源计划、网络日志、交易数据库、客户管理、外部数据库。其中企业资源计划主要是管理企业数据,网络日志记载了与企业活动或电子商务网站相关的数据,交易数据库是商业交易活动产生的数据,外部数据库是企业通过各种渠道从企业外部获取的信息。

(一)信息处理过程

在信息系统中,"输入"是获取和收集原始数据的活动。输入内容包括信息资源的采集、控制指令的输入、信息检索条件的输入等。输入既可以是手工过程,也可以是自动过程。要获取理想的输出,精确的输入是关键。

在信息系统中,"处理"是将数据转换成有用的输出。处理包括计算、比较、替换、操作、存储等。处理可以手工完成,也可以由计算机辅助完成。如在工资应用程序中,必须将每个员工的工作小时数转换为支付额,再加上加班的工资额,扣除税额、多项保险金等,从而得到净工资。

"输出"是以文档、报告或业务数据报告等形式呈现的有用信息,如员工的工资单。在某些情况下,一个系统的输出能转化为另一个系统的输入。例如,处理销售订单系统的输出可以转化为顾客付款系统的输入。

输出有各种不同的方式。对计算机而言,打印机和显示屏是常用的输出设备,输出还可以包括手工书写的报告和文档等手工处理结果。

"反馈"是一种用来改变输入数据或改变处理过程的输出。反馈回来的误差或问题可以用来修正输入数据或改变某处理过程。大多数信息系统都对输入的数据进行检验和校对,以保证输入数据在一定的范围内,例如,员工周工作小时数,范围为0~40小时,如果将40小时误输入成400小时,系统会提供一个反馈(如误差提示),以提醒用户,避免输入失误。

反馈对管理人员和决策者很重要。反馈可对系统存在的问题做出反应并向管理者提出警示。例如,管理者可利用反馈信息知道该订什么货,订货单就成了系统的输入信息。除了这种作用,计算机系统还能够通过预测未来事件来防止问题的出现,这种反应方式,常被称为前馈,利用前馈可以预测未来销售额,并在存货出现短缺前就发出订货单。

(二)管理信息系统

管理信息系统(MIS)就是运用系统的理论方法,以计算机网络和现代通信技术为工具和手段的,具有进行信息的收集、存储、加工处理、传递等功能的,能为管理者提供信息服务的人机系统。

1. 管理信息系统的特点

管理信息系统包括管理信息处理系统和管理信息传输系统。管理信息处理系统对数据进行处理,使数据获得新的结构与形态或者产生新的数据。管理信息传输系统不改变信息本身的内容,其作用是把信息从一处传到另一处。因此,管理信息系统具有以下特点:

(1)管理信息系统是面向组织中各级管理层提供决策支持的信息系统。

西蒙说,管理就是决策。任何一个层级的管理人员做出任何的决策,都需要依据管理数据和管理信息,而管理信息系统能够且必须根据管理需求,及时提供所需信息并进行适当分析,为管理人员的决策提供支持。

自学:
关于连锁企业的信息系统你了解多少

(2)管理信息系统是一个组织进行全面管理的综合性人机系统。

管理信息系统是人机交互系统,机器包含计算机软、硬件,各种办公机械和通信设备;人员包含高层决策人员、中层职能人员及基层业务人员。人是管理信息系统的使用者,同时也是系统的组成部分。管理信息系统为管理中的某一问题提供全面的信息,辅助管理人员做出最终决策。

(3)管理信息系统是一门多学科交叉的边缘学科。

管理信息系统是一门介于管理科学、计算机科学、现代通信技术和数学之间的系统性、边缘性和综合性的交叉学科。

①计算机科学和现代通信技术是管理信息系统的骨架,它为开发管理信息系统提供了技术基础和技术实现。随着计算机硬件性能得到飞速的提升,其体积越来越小、运算速度越来越快、处理能力越来越强,这使得管理信息系统由原始的仅作简单数据处理的电子数据处理系统发展为功能越来越强大的管理信息系统、决策支持系统,甚至是现代集成制造系统;计算机硬件的成本越来越低,大量装备计算机设备成为可能,这使得管理信息系统的适用范围越来越广;伴随着计算机硬件的发展,计算机软件技术也取得了进步,软件系统从单用户和单任务发展为多用户和多任务的系统,这使得计算机的使用变得越来越容易,使用人员无须培训就能使用。现代通信系统是以计算机为中心,结合分散在远程的计算机,通过通信链路连接起来,进行数据的传输、交换、存储和处理的系统。现代通信系

统的产生和现代通信技术的发展，使得管理信息系统的应用能够突破时间和空间上的界限。如连锁企业的管理信息因其组织的地理位置的分散而处于分散状态，现代通信系统可将管理信息系统所需要和待处理的信息分散在不同位置上进行处理，再通过计算机网络将信息集成起来、再分散呈现给不同层级的组织。

②管理是其目标和血肉，它为开发管理信息系统指明目标并提供约束。管理信息系统的特点之一是信息技术与管理手段、思想和方法的结合。不同类型的企业有着不同类型的管理特征，这要求其使用不同的管理方法、不同的管理信息系统为之服务。

③数学是其灵魂，它贯穿管理信息系统开发过程的始终。管理信息系统中应用的数学理论包括概率和统计、信息论、控制论、系统论、突变论、耗散结构论、协同论以及非线性科学，这为半结构化/非机构化的决策问题提供了解决问题的数学基础，从根本上影响了现代管理信息系统的发展。

2. 管理信息系统的功能

管理信息系统可对内源数据和外源数据进行收集、输入、传输、存储、加工、输出、管理和维护。这些对信息的处理功能是管理信息系统首要的任务和基本功能。

管理信息系统可根据存储的历史数据，对未来可能发生的情况进行预测。预测是管理的前提，企业通过对未来的预测，把握机遇，规避风险。

管理信息系统可以以文字和指标等形式为管理者提供制订计划、监督计划的各项指标，辅助管理者科学合理地进行计划职能的相关管理工作。

管理信息系统可以实现对实际状况的监测和分析，将其与相关标准进行对比衡量、分析存在差异，辅助管理者及时采取有效方法进行控制，控制相关工作项目的进度。

管理信息系统能利用数学建模，推导出问题的最优化解决方法，从而辅助管理者做出科学的决策。

3. 管理信息系统的类型

事务处理系统（TPS）也称为作业控制或数字数据处理，是组织管理的基础活动，主要用户是作业层的员工和基层管理者。它面向数据，对组织事务过程中的数据进行记录、计算、分类、汇总、存储和输出。事务处理数量大且非常重要，是组织所有管理和决策的基础，也是管理信息系统、战略决策系统运行的基础。事务处理相对规范、稳定，可以采用事务处理系统代替手工操作，从而提高效率，节约人力，并且能够增加服务内容、提高服务质量。事务处理系统可以单机使用，也可借助于互联网实现数据的实时获取和传递，并且可以对结构性问题进行决策，加快事务处理过程。

管理信息系统（MIS）面向的是信息，是处理组织管理信息的系统，其主要用户是中层管理者。事务处理系统的数据不一定能直接形成有用的管理信息，其必须经过加工后，才能形成有用的管理信息。中层管理者需要运用管理技能实现数据向有用管理信息的转化，实现对部门的管理、对半结构问题的决策。管理信息系统的架构设计要符合中层管理者的决策需求和决策习惯；管理信息系统需要对数据进行汇总、筛选、综合、概括和预测等程序化处理，并能在此基础上提出相应决策方案，这类决策一般都是已知的、可以预见的，而且是比较常见的重复的问题；管理信息系统的数据依赖于事务处理层提供的原始数据。

决策支持系统(DSS)是管理信息系统与运筹学相结合的产物,是处理半结构化和非结构化问题的系统,支持管理者的非程序性决策。决策支持系统利用了事务处理层中的数据、管理信息系统层面的信息、其他组织信息与知识、组织外部信息与知识,为决策者提供决策支持,高层管理者根据自己的知识、经营和决策支持系统的支持,在可选方案中选择最优方案。

4. 连锁企业管理信息系统

管理信息系统是连锁企业的"神经",它让连锁企业真正地实现"连"和"锁",实现管理规模化、广域化、细节化的连锁经营体系。对应管理信息系统的不同类型,连锁商业企业的管理信息系统也出现了不同的类型。

20世纪70年代,我国中小企业开始使用管理信息系统,随着软、硬件技术的发展,进销存管理信息系统被广泛使用。20世纪80年代,ERP在工业制造企业广泛应用。

无论连锁企业管理信息系统的类型如何变迁,连锁企业管理信息系统都由总部管理信息系统、配送中心管理信息系统、连锁分店管理信息系统及远程联网系统四部分组成。各部分分别采用局域网络,各部分之间则采用广域网络,其通过通信线路、电话线或其他传输介质实现异地数据通信。

连锁总部管理信息系统,不仅要对其各职能部门实行管理,更重要的是指导、协调各部门之间的业务及采集配送中心、各连锁分店的信息,以便正确决策、统一指挥。

配送中心管理信息系统,主要实现商品库存的静态和动态管理,统一调度商品流向、车辆运输及仓储管理等。

连锁分店管理信息系统,一般包括POS系统、EOS系统及店内管理系统等。

远程联网系统是沟通总部、配送中心、各连锁分店之间的信息交流桥梁,是整个企业成为一个有机整体、发挥规模效益的重要环节。通过总部,配送中心和各连锁分店三部分管理信息系统的联网,总部能够及时获得配送中心和各连锁分店的有关业务资料,并能及时将有关信息反馈给配送中心和连锁分店,加速信息的流转。

三、新媒体与企业信息化

企业信息化是指企业以业务流程的优化和重构为基础,在一定的深度和广度上利用计算机技术、网络技术和数据库技术,控制和集成化管理企业生产经营活动中的各种信息,实现企业内外部信息的共享和有效利用,以提高企业的经济效益和市场竞争力。

(一)网络技术与新媒体发展

伴随着网络技术的发展,新媒体应运而生,让所有数据类型都能数字化,极大地促进了企业信息化的发展,让企业的数字化转型离现实越来越近。

1. Web1.0

Web1.0是人类进入互联网时代的第一个时代。这个时代的标志是HTML、浏览器、门户网站。HTML超文本标识语言让全世界连接起来成为可能,浏览器的诞生让人类正式进入万维网时代。门户网站通过目录服务和搜索引擎实现一站式服务,门户网站可以让受众得到需要的信息;门户网站实质是将信息由纸质形式变为电子形式,信息生产需要有专门的人来进行编辑和发布,盈利模式与传统媒体类似,通过投放广告获取利润。

2. Web2.0

Web2.0意味着门户网站的结束、社交媒体时代的到来,所有的受众全部转变为用户,形成了多对多网络传播。在这个时代,人人都可以生产和发布信息,而且平台非常多。企业利用各种平台进行营销信息的发布,个人也可以利用各种平台成为营销者,利用个人账号流量获得利润。现阶段比较有影响力的自媒体平台有博客、微博、微信公众号、今日头条等。

3. Web3.0

Web3.0是涵盖大量数据的语义网络,它可以对数据、信息的意义进行分析和解读,使整个互联网成为信息交换媒介,呈现出极强的去中心化。

Web3.0是以类似人类的方式进行思考的智能网。消费者在网络上的任何行为都会被记录,被网络以人类的方式进行思考分析,并做出商业推荐。

语义网让语义的范围拓宽,让各种形式的数据都可以被计算机理解的格式普遍存在;通过社交媒体、个人智能设备等渠道体现的数据都可以被记录下来。所以说,Web3.0是大数据时代。

Web3.0、5G、区块链、云计算、边缘计算、大数据等技术同时出现在这个时代,让这个时代充满了机遇和挑战。

思政园地

我国启动"数字化转型伙伴行动"

2020-05-28 来源:中经网 作者:赵建飞

企业数字化转型的含义

华为、IDC、埃森哲等都对微观层面的数字化转型下了定义,综合看,可以认为企业的数字化转型是指企业充分利用数字化能力来适应或推动自身在客户和市场方面的重大变革,从而形成数字渠道和营销、智能生产与制造、智能支持与控制、数字化产品和服务、商业模式创新等。企业数字化与自动化、信息化不同。企业自动化聚焦在生产线操作自动实现,技术体现是运用工业设备取代人工;信息化将显示业务流程在计算机里固化,侧重于管理维度,主要通过信息化软件固定流程,从而实现生产效率提升、运营管理优化等;数字化涵盖生产、营销、运营、管理全流程,将物联网、云计算、大数据、智能化技术应用于企业,重点聚焦深度挖掘生产、管理、服务过程中的数据价值,使得数据服务于生产和决策。自动化和信息化是数字化的发展基础,数字化是自动化和信息化的高级发展阶段。

我国启动"数字化转型伙伴行动"

5月13日,国家发展改革委联合中央有关部门、国家数字经济创新发展试验区、产业互联网平台企业及服务商、行业龙头企业、金融服务机构、研究咨询机构、行业协会等百余家单位共同发布《数字化转型伙伴行动倡议》(以下简称《行动倡议》)。《行动倡议》

提出要按照"政府补平台、平台优服务"的思路,探索搭建"中央部委—地方政府—平台企业—龙头企业—行业协会—服务机构—中小微企业"的中小微企业数字化转型推进机制,旨在实现打造数字化企业、构建数字化产业链、培育数字化生态、孵化数字化重点区域四大行动目标。《行动倡议》是破解新冠肺炎疫情下中小微企业发展困境的"及时雨",是当前及未来一段时期支持中小微企业数字化转型的关键性行动方案。《行动倡议》对在更大范围、更深程度借助于数字化手段带动中小微企业创新转型,加快构建现代化产业体系,支撑经济高质量发展具有重大意义。

一、迫在眉睫,中小微企业数字化转型发展刻不容缓

当前,新一轮科技革命和产业变革正处在实现重大突破的历史关口,互联网、大数据、人工智能等信息技术加速与实体经济深度融合,数字化转型成为经济社会发展的重要推动力。新冠肺炎疫情对我国乃至全球范围内的产业经济都带来了严重影响。国家统计局公布的数据显示,一季度国民生产总值(GDP)同比下降6.8%,其中第一产业增加值下降3.2%,第二产业增加值下降9.6%,第三产业增加值下降5.2%,出口下降11.4%。从我国国民经济整体上看,中小微企业贡献了全国80%的就业,60%以上的GDP和50%以上的税收,中小微企业在国民经济发展中具有举足轻重的作用。但是广大中小微企业普遍相当脆弱,抗风险能力差,尤其在疫情影响下,很多中小微企业受到致命的打击,甚至是遭遇生死存亡之役。支持中小微企业,就是保就业,就是保稳定。据有关机构测算,2018年我国数字经济规模已达31.3万亿元,占GDP比重为34.8%,我国数字经济发展规模已位居世界前列。但也有机构测算发现,我国的企业数字化转型比例却仅有25%,远低于欧洲的46%和美国的54%。在数字经济的大浪潮下,我国企业数字化转型仍处于初级阶段,面临大量急需解决的实际困难。尤其是当前的新冠肺炎疫情对社会经济造成了严重冲击,占我国企业总数99%以上的中小微企业正面临生死存亡的巨大压力,如何乘数字化转型契机的"东风",实现困境"突围",赋能企业高质量发展,是当前亟待解决的突出问题。

二、疏堵去痛,着力解决中小微企业数字化转型痛点和难点

新冠肺炎疫情进一步催生了中小微企业数字化转型,但在转型过程中,一系列共性的痛点和难点问题仍尤为突出。《行动倡议》坚持以中小微企业数字化转型的关键需求为导向,重点针对转型痛点和难点,着力解决中小微企业数字化转型的实际困难。

一是"不会转"。有关研究显示,超过半数的中小微企业数字化设备改造工程尚未完成,数字化资源基础薄弱,数字化意识参差不齐,仅依靠自身能力难以实现深度"上云用数赋智"。对此,《行动倡议》提出,要"加强平台赋能""强化公共服务",通过平台企业的普惠性措施供给和政府的创新性推进模式,加强针对数字化转型共性技术解决方案的研发,探索大数据、人工智能、数字孪生、5G、物联网和区块链等数字技术应用和集成创新,施外力解决中小微企业数字化转型的资源和能力问题。

二是"不能转"。数字化转型过程中所需的信息基础设施建设、数据存储及计算能力、解决方案及诊断咨询等资金投入较大,加之中小微企业融资困难,难以承担转型成

本。对此,《行动倡议》提出,要加强政府补贴,探索"云量贷"等创新性金融政策工具,着力脱困中小微企业资金难题。

三是"不敢转"。面对新冠肺炎疫情的冲击,数字化转型的阵痛期加长,中小微企业难以预估转型收益,在不确定性环境下贸然转型的风险加大。对此,《行动倡议》提出,要遴选一批转型标杆示范,为中小微企业数字化转型提供可借鉴的典型案例、可操作的行动路径。要全力打造数字产业集群和数字生态体系,为转型营造良好环境。

三、四大举措,协同推动中小微企业数字化转型

破解中小微企业数字化转型发展瓶颈的关键在于形成多方联动、高效协同的合力机制。为此,《行动倡议》重点突出四大举措,多方统筹联动,积极探索扶持中小微企业数字化转型的创新模式。

1. 推动跨部门协调,形成强有力联动机制

在倡议发起方上,国家发展改革委联合中央有关部门、国家数字经济创新发展试验区等共同发起,从组织数字经济重大工程、推动行业数字化转型、加强新型基础设施建设、保障网络及数据安全等方面提出一系列针对性政策措施,阿里巴巴、腾讯、华为、中国电科等诸多平台企业及服务商、行业龙头企业、金融服务机构、研究咨询机构、行业协会亦提出数百项数字化转型产品或服务。《行动倡议》充分调动社会力量,为中小微企业数字化转型提供联动机制、政策探索、宣传推广,推行实时动态反馈管理,全力保障行动发挥实效。

2. 推进普惠性措施,强化公共服务支撑能力

面向中小微企业数字化转型过程中面临的共性难点,《行动倡议》提出要开放普惠性转型资源和创新性政策工具,鼓励大型平台企业免费或以较大优惠提供"上云用数赋智"产品服务等转型资源,为中小微企业发展赋能,并鼓励金融机构探索"云量贷",根据中小微企业数字化转型情况抵押贷款,缓解中小微企业融资困境。同时,《行动倡议》强调要提高公共服务支撑能力,建设一批数字化转型促进中心和开源社区,为中小微企业数字化转型提供培训指导,降低转型门槛。

3. 提供全链条服务,打造数字化生态体系

企业深层次数字化转型的关键在于将数字化渗透到全行业生态体系的各个环节,实现全生产链条的数字化转型。《行动倡议》指出,在数字化产业发展助推中小微企业转型过程中,要重点打造跨越物理边界的"虚拟产业园"和"虚拟产业集群",实现全生产链条数字化跃升。在数字化生态建设助力中小微企业转型过程中,要着力打造"生产服务+商业模式+金融服务"跨界融合的数字化生态,带动中小微企业数字化转型。

4. 加大试验探索,树立数字转型标杆示范

《行动倡议》着重发挥国家数字经济创新发展试验区的先行先试作用,探索产业数字化和数字产业化共性支撑平台,打造新一代信息技术和数字化生态集成发展模式,提高数据生产要素配置效率,营造多元参与的中小微企业数字化转型协同治理体系。通过遴选一批数字经济典型案例和应用场景,指导试验区大胆探索有利于促进中小微企

业数字化转型的政策举措和企业行动,形成中小企业数字化转型重点示范区域,加大对优秀转型样板和应用场景的宣传推广,为全国探索中小微企业数字化转型提供可复制、可推广的经验,引导中小微企业快速有效实现数字化转型。

资料来源:学习强国

(二)企业信息化

1. 企业资源计划(ERP)

企业资源在企业内外部的流转形成了物流、资金流、信息流。物流向资金流的转化形成了商流。商流是物流、资金流和信息流的起点,也可以说是后"三流"的前提,一般情况下,没有商流就不太可能发生物流、资金流和信息流。反过来,没有物流、资金流和信息流的匹配和支撑,商流也不可能达到目的。"四流"之间有时互为因果。物流受商流制约,随商流变化而变化。企业往往为了占领市场、扩大销售而牺牲物流利益,因此,在竞争激烈的商品经济社会中,企业要加强对物流问题的研究和对信息技术等现代科学手段的充分利用。

2. 客户关系管理(CRM)

客户关系管理重构了市场营销和客户服务等业务流程,并使相关业务流程自动化,让前台应用系统能够及时接受指令,改进客户满意度、增加客户忠诚度。

3. 供应链管理(SCM)

供应链管理是用一个整体的网络传送产品和服务,从原材料开始一直到终端客户,凭借设计好的信息流、物流、资金流来完成产品和服务的传送。

4. 商业智能(BI)

商业智能(BI)是指企业利用的各种软件应用。企业利用这些软件应用获取并迅速分析手头的海量原始数据。通过收集、管理和分析数据,各种软件应用将这些数据转化为有用的信息,然后分发到企业各处,并实现对企业经营状况的实时监测。

5. 企业信息门户(EIP)

1988年11月,企业信息门户(EIP)首次出现在公众视野。它是一个联接企业内部和外部的网站,它可以为企业提供单一的访问企业各种信息资源的入口,企业的员工、客户、合作伙伴和供应商等都可以通过这个门户获得个性化的信息和服务。企业门户是一个基于Web的应用系统。

6. 电子商务(EC)

电子商务(EC)是指在计算机与通信网络的基础上,利用电子工具实现商业交换和商业作业活动的全过程。

7. 电子支付

电子支付是指消费者、商家和金融机构之间使用安全电子手段把支付信息通过信息网络安全地传送到银行或相应的处理机构,以此来实现货币支付或资金流转的行为。

8. 商业分析（BA）

商业分析是企业运用商业分析高级软件，分析过去的、现在的信息，预测未来的前景。商业分析与商业智能的区别在于商业智能是对当下的考察，而商业分析是对未来的精准预测。

任务实施

通过对以上知识的学习，你能明确小明的企业所选用的美萍进销存管理系统属于哪种类型以及其管理信息系统利用程度达到什么水平吗？你知道小明的企业的信息管理处在什么阶段吗？

巩固练习

基于现实，进行网络资料搜集，为大中小微型企业分别选择一款管理信息系统。同时判断一下三款软件适合哪个规模的企业使用，见表1-3。

表1-3　　　　　　　　不同规模企业的管理信息系统选型

软件	大型企业	中型企业	小微型企业
美萍进销存管理系统			
用友 U8 供应链管理系统			
优户云 POS			

任务三　认识云与企业数字化

任务描述

在小明的管理下，企业的规模不但壮大，短短几年时间，已经发展成为该地区数一数二的连锁企业。该企业从2018年开始，依托快手、抖音、微信等新媒体进行营销活动，获得了可观的销售额。2020年国家发改委等部门发起了数字化转型伙伴行动，小明意识到数字化经营是趋势，于是他开始着手自己连锁企业的数字化转型。

你能给小明一些企业数字化转型的意见吗？

任务分析

小明经营的连锁企业经过几年的发展，已经实现了企业资源和业务活动数据的数字化，但要想实现企业的数字化转型，就要解决数据收集、录入、存储、计算分析与挖掘、可视化等问题。管理者首先要具备数据思维,明确企业数字化转型思路;其次要在数据思维的基础上,借助于数字化服务商提升本企业的数据采集、汇聚、分析、应用、治理的能力。只有这样,才能更好地实现企业的数字化转型。

云供应商属于数字化服务商,作为高职新商科专业的学生,需要了解"云"的相关知识、数字化发展进程的相关知识,能为中小微企业寻找合适的云供应商,能助力中小微企业的数字化转型与数字化发展。

相关知识

云端是指通过运用网络的计算能力,取代原本安装在 PC 上的软件。或者说是取代原本存储资料的硬盘,转而通过网络来进行各种工作,并将档案资料存放在网络上,也就是庞大的虚拟空间上。

一、云基础知识

云是数字经济时代的基础设施,"互联网+"、物联网技术的应用,产生了大量的数据,这些数据需要更大的存储空间,更好的、更优的计算,以发掘数据更大的价值,这些需求催生了云服务的产生。下面介绍一下云存储、云计算两种云服务。

1. 云存储

本地存储是指将数据存放到本地磁盘、移动硬盘、U 盘、光盘等存储设备上。通俗地讲,就是把自己的数据如文档、视频、图片、音乐等存到自己的计算机上或存放到移动硬盘、U 盘、光盘上。

云存储是一种新兴的网络存储技术,是指通过集群应用、网络技术或分布式文件系统等功能,将网络中大量不同类型的存储设备通过应用软件集合起来协同工作,共同对外提供数据存储和业务访问功能的系统。云存储是一种新的商业模式,能让用户自由选择,按需购买,灵活扩充存储空间大小,如现在常见的网盘、云盘。云存储使数据的存取更加灵活,用户在任何时间、任何地方,只要将可联网的装置连接到云上就能方便地存取数据。而本地存储必须时刻将存储设备携带在身边,需要存取数据时,连接上设备进行存取操作,这样就很不方便。

2. 云计算

云计算可以简单地理解为通过数据中心的存储数据,采用特定的数据模型,运用场景,调用数据,实现对数据的分析提炼,从而实现对数据资源的利用。数据中心是硬件设备,负责对数据进行组织、处理、存储、传输等。阿里云属于平台提供商,为数据中心提供软、硬件基础设施;各种网站、App 属于服务提供商;常见的社交软件、通信软件属于终端用户,是数据中心服务的主要对象。

我们通过所使用的网络服务,把资料存放在网络上的服务器中,并借由浏览器浏览这些服务的网页,使用上面的界面进行各种计算和工作。

云计算并非一个全新概念,1956 年虚拟化技术的正式提出可以说是云计算发展的源头。在我国,云计算发展大致经历三个阶段:

(1)2010年以前是准备阶段；

(2)2011年到2013年是稳步成长阶段；

(3)2014年至今,中国云计算产业进入高速发展阶段。

当前,云计算正从新业态转变为常规业态,并且与传统行业深度融合发展。据中国信通院统计,全球云计算市场规模总体呈稳定增长态势,未来几年市场平均增长率在20%左右。预计到2022年,全球市场规模将超过2700亿美元,我国云计算市场规模将达到1731亿元人民币。

二、云计算服务

云计算服务可以分为三种:软件即服务(Software as a Service,缩写SaaS)、平台即服务(Platform as a Service,缩写PaaS)、基础架构即服务(Infrastructure as a Service,缩写IaaS)。不同的云模型有着不同的功能和特性,适用不同的应用场景和企业。

IaaS通过互联网提供数据中心、基础架构硬件和软件资源。IaaS可以提供服务器、操作系统、磁盘存储、数据库和/或信息资源。最高端IaaS代表产品是亚马逊AWS的弹性云计算(Elastic Compute Cloud),不过IBM、VMware和惠普以及其他一些传统IT厂商也提供这类服务。IaaS通常会按照"弹性云"的模式引入其他的使用和计价模式,也就是在任何一个特定的时间,IaaS将其全部服务提供给用户,用户根据需要进行选择使用,并针对使用部分进行付费。

PaaS提供了基础架构,软件开发者可以在这个基础架构之上建设新的应用,或者扩展已有的应用,同时却不必购买开发或生产服务器。Salesforce.com的Force.com、Google的App Engine和微软的Azure(微软云计算平台)都采用了PaaS模式。这些平台允许公司创建个性化的应用,也允许独立软件厂商或者其他第三方机构针对垂直细分行业创造新的解决方案。

SaaS亦可称为"按需即用软件"(即"一经要求,即可使用"),它是一种软件交付模式。在这种交付模式中,软件仅需通过互联网,不需经过传统的安装步骤即可使用,软件及其相关的数据集中托管于云端服务。SaaS最大的特色在于软件本身并没有被下载到用户的硬盘,而是存储在提供商的云端或者服务器。对比传统软件需要用户花钱购买并下载,SaaS只需要用户租用软件,在线使用,这不仅大大降低了用户的购买风险,还因其无须下载软件本身,无设备要求的限制,从而方便了用户的使用。

对于许多商业应用来说,SaaS已经成为一种常见的交付模式。这些商业应用包括会计系统、协同软件、客户关系管理、管理信息系统、企业资源计划、开票系统、人力资源管理、内容管理以及服务台管理。SaaS已经被纳入领先的企业级软件公司的战略中。这些公司通过将硬件和软件的维护与支持外包给SaaS的提供者,来降低信息技术(Information Technology,简称IT)成本。

但是,对于业务经营者来说,所谓成本不应只考虑眼前的投入,还应考虑所采用IT方案的长期效果及影响。综合自己所处行业、竞争环境以及资本、人员情况去做出选择。

PaaS、IaaS和SaaS之间的区别并不是那么重要,因为这三种模式都是采用外包的方式,减轻企业负担,降低管理、维护服务器硬件、网络硬件、基础架构软件或应用软件的人力成本。从更高的层次上看，它们都试图去解决同一个商业问题——用尽可能少甚至是零的资本支出，获得更多功能、扩展能力、服务和商业价值。当某种云计算的模式获得了成功，这三者之间的界限就会进一步模糊。

三、云供应商的选择

企业资源迁移到云端以及管理信息系统迁移到云端将给企业带来人财物的便利与节约，如何选择云供应商成为连锁企业需要考虑的问题。选择可靠的、安全的云供应商，才能顺利将企业数据与业务转移到云端。

那么，连锁企业如何选择云供应商呢？云供应商选择与"物""服务"供应商选择有着相同的管理理念。

(一)对云供应商进行调研

在选择云供应商之前，要对云供应商进行充分的调研，对云供应商的资质、在行业内存在时间、财务状况、硬件设施、安全管理等方面进行调研。

1. 调研云供应商的安全和合规性资质认证

连锁企业的大部分数据资源都属于商业秘密，因此，云端的安全性、合规性是连锁企业选择云供应商必须考虑的内容。

云供应商遵循 SSAE 16 准则。SSAE 准则是美国注册会计师协会(AICPA)制定的《鉴证业务准则公告第 16 号》，简称 SSAE 16。这一准则要求企业遵循《鉴证业务国际准则第 3402 号》(简称 ISAE 3402)。云供应商遵循 SSAE 16 准则，意味着其具有足够的控制和保障措施，能够确保连锁企业托管数据的安全。

云供应商具备 SOC 报告。美国注册会计师协会(AICPA)除制定 SSAE 16 准则外，还定义了 SOC 报告，这是审查服务组织的控制的框架报告。现在已经定义了三种类型的 SOC 报告，SOC1 主要关注财务报告，SOC2 与 SOC3 报告更关注与安全性、处理完整性、机密性或数据中心系统和信息的保密性相关的控件的预定义的标准化基准。SOC2 检查数据中心测试和操作有效性的详细信息。

云供应商最好进行了 ISO 27000 认证。ISO 27000 认证的通过意味着企业组织更有效地履行了国家法律和行业规范的要求；意味着云供应商最佳实践做法经过了 ISO 27000 相关标准的审查和测试，使之符合国际标准组织的信息安全管理实践准则，其将会给连锁企业提供更安全的服务。

2. 调研云供应商的法律遵守情况

PII 是 Personal Identifiable Information 的全称，也被称为 SPI(Sensitive Personal Information)。PII 可用来识别个体的信息，如地址、邮件地址、身份证、信用卡、电话号码等属于直接的 PII 信息，街道、年龄、性格、种族、民族等属于间接的 PII 信息。各类连锁企业的信息资源中可能涉及个人健康记录(PHR)，从 PHR 概念衍生而来的个人信息记录(PIR)、个人财务记录(PFR)和个人在线记录(POR)。对这些信息资源的保护，连锁企业和云供应商必须做到遵纪守法。

2017 年 6 月，《中华人民共和国网络安全法》正式实施，2020 年 3 月 1 日，《网络信息内容生态治理规定》正式实施,这其中有对个人信息保护的相关规定。

3. 调研云供应商的运营情况

财务状况是企业运营好坏的直接体现。连锁企业所选择的云供应商应是财务状况稳定、资金充足、运营良好的企业。如果连锁企业将信息资源迁移到云端之后才发现云供应商是面临破产的企业,那么造成的损失是不可估计的。

云供应商在运营管理的过程中会考虑到自身企业的运营成本,因此其云端的地理位置是连锁企业必须考察的内容。云端的信息要保证安全,保证不外泄,不给国家安全带来风险。

4. 调研云供应商的技术与责任情况

云供应商提供给连锁企业的服务不仅仅是存储,云供应商还应当为确保连锁企业数据安全性主动承担一定的责任,只有承担一定的责任,才能在信息资源的安全性上做好技术的攻坚克难,不断革新管理思想。

云供应商的加密技术、信息安全技术等是连锁企业选择云供应商时需要考虑的因素。随着区块链技术、云技术的普及,连锁企业的信息资源在没有密码安全的保护下,将会处于透明状态,商业秘密会成为通用、共用数据信息,这对连锁企业的经营带来严重威胁。云供应商应具备密码学的先进技术,应具备黑客入侵的主动防御能力。

5. 调研云供应商的定价

交易成本是任何一个连锁企业进行任何产品/服务采购和选择都必须考虑的因素。对于云供应商的选择,连锁企业要结合自身的服务需求选择性价比高的云服务,这就需要其调研云供应商对云的定价,并且一定要要求对方对定价进行细化。如存储、入口、出口、删除、检索、查询费用各是多少,费用收取的方式是什么。

6. 调研云供应商交付能力

云供应商交付其产品/服务的能力调研包含了履约率、云迁移能力。

云供应商的履约率是连锁企业必须调研的内容。

云供应商不同于其他产品/服务,连锁企业一旦选择云供应商,即成为伙伴,如果云供应商不能及时交付云服务,或交付后的云服务不能及时按连锁企业要求进行升级或快速响应,很有可能使连锁企业信息丧失"时效性"。

云供应商是否具备较强的云迁移能力支持连锁企业完成云迁移工作至关重要。

(1)连锁企业的应用程序、管理工具、业务流程看似无序,实则蕴含着复杂的管理技术与管理艺术在其中,要想模拟好迁移场景,需要反复的实验,严密的计划、组织、管理与控制,方能保障数据迁移前后的相同状态和一致性。为应对云迁移,连锁企业必须制定专业的、精准的迁移方案,方能确保迁移的零风险。

(2)云端的数据要连续、融合,发挥云计算的能力,一旦出现数据中断,将无法实现大数据的云计算。迁移团队的实力不容忽视。

(3)在迁移数据的过程中,在选择迁移工具时要重视数据的备份,以防止迁移突然中断所带来的数据损失;迁移过程要可视化,保证管理监控;具备双向迁移能力,方便后期将数据搬运回本地端。

综上所述,连锁企业在云迁移工作中需要专业的云供应商提供必要的支持工作,从而化繁为简,更快速、更低成本地"上云"。

7. 调研云供应商云的地理位置

云的地理位置是一个容易被忽视的问题,但其确实是连锁企业选择云供应商应重视的一个问题。连锁企业的信息资源当中可能有涉密信息,对涉及涉密内容的信息资源,其计算机存储中心的地理位置必须在我国境内。

(二)对云供应商进行评级

云供应商向连锁企业提供的产品是"云存储""云计算""云管理信息系统"。连锁企业可以通过对云供应商进行调研,从而对云供应商提供的"云产品/服务"的质量、表现进行评价,对供应商的服务表现进行评估评级。连锁企业应有专门负责人出具云供应商的调研评估评级报告,并提交给连锁企业的管理层。

管理层会根据本企业的实际情况以及对云供应商的评级,选择最合适的云供应商。云产品/服务的质量越好、交付及系统响应越快,价格也就越高。因此,最好的云供应商未必是最适合的,连锁企业要从实际情况出发,做好云供应商的评估评级与选择工作。

思政园地

数字中国发展史:从"追随"到"引领"

2019-10-08 来源:经济参考报作者:张旋 吴帅帅

从世界互联网发展的"追随者"成为浪潮的"引领者"。这一关于角色转变的表述,被许多中国互联网企业家提起。从"追随者"到"引领者",暗含了数字中国的发展历程。

世界最大的电商市场、最便捷的移动支付国度、未来潜在的最大 5G 商用市场……一家家企业的成长史构成了数字中国的发展史,也是一部数字经济改变人们生活的当代史。

数字中国的昨天:互联网 20 年发展掠影

1999 年,35 岁的马云,带着团队从北京返回杭州,在城西湖畔花园小区的一间民宅中开始了第三次创业。"从头开始,从零开始,建一个我们这一辈子不会后悔的公司。"马云下定决心,创立了阿里巴巴。

同一年,马化腾带领团队,推出了即时通信服务(OICQ),就是今天我们熟知的 QQ。

身在美国硅谷的李彦宏看到了中国互联网及中文搜索引擎服务的巨大发展潜力,毅然辞掉硅谷的高薪工作,回国筹办百度……

谁都不会想到,20 年后,这三个人建立的三家公司有了今天这样的体量和影响力。三家公司不仅借助于互联网技术给中国人的生活带来极大的便利,更成为中国互联网在国际舞台上的一面旗帜——BAT。人们滑动屏幕,在家坐等快递员到来,拿起手机跨越时空的限制面对面进行交流,甚至伴随 AI 的快速发展,智能驾驶也从幻想逐渐接近现实……

创业之初的艰辛不言自明。2000年,互联网泡沫破灭后,多家互联网初创企业都经历了一段"跪着过冬"的日子,阿里巴巴十八罗汉们"穷得连车都打不起"。彼时,马云仍然思考着如何把阿里巴巴建立成一个百年企业,他把目光放到了全球,"我们所有的竞争对手,不在于中国,而在于美国的硅谷。"这些超前的概念,在当时那个空荡荡的毛坯房中响起时,有种天方夜谭的违和感。如今看来,却是播下梦想种子的开端。

阿里巴巴早期的主导产品是中国供应商。2003年,阿里巴巴做出了一个重大的战略抉择:成立淘宝网进军C端市场。也就是从那时起,中国的老百姓开始学着用网银、U盾在网上购买商品;线上回复咨询、封装包裹、填写面单……不少创业者也把生意搬到了线上。2004年,为了解决淘宝交易中的信任问题,阿里巴巴又创设了支付宝,从商品信息获取到支付安全,一套完整的电商服务体系开始形成,也让网购成为千家万户的生活方式。

往后数年,互联网发展波诡云谲,"战事"不断——淘宝、百度、QQ分别与eBay、谷歌和MSN较量,最终阿里、百度、腾讯各有所得,成为电商、搜索、社交领域的大玩家,格局初步奠定,也开始从"追随者"向"引领者"转变。

2010年前后,移动互联网爆发的前夜,人们开始为移动端而忙碌着。淘宝开始被叫作"手淘",网购不再只局限于电脑前"买买买",而变成了随时随地拿起手机"买买买",就连如今阿里巴巴集团每季度公布的财报里,一直关注着一个数据——"中国零售平台的移动月活跃用户";腾讯的微信在2011年面世后,人们的即时通信也不再限于QQ……

自那之后,PC端的风头逐渐被移动端所取代,基于位置、基于智能手机,人们在滑动拇指的瞬间,几乎能触达一切。

2014年阿里巴巴在纽交所上市,成为美股史上最大IPO。2016年,马云在云栖大会上喊出了"五新":新零售、新金融、新能源、新技术、新制造。而这也成为近几年互联网江湖里的竞逐场,他们或是通过投资、战略布局,或是形成正面交锋,让互联网江湖好不热闹。

近几年,以美团王兴、滴滴出行程维、拼多多黄峥为代表的新一代创业者,也在更多商业领域崭露头角。此前,阿里巴巴20周年的纪念日上,马云"交棒"阿里巴巴现任CEO张勇,不仅标志着阿里的良性传承,而且揭示了中国互联网的新陈代谢。

20年过去,人们惊讶地发现,中国收获的并不仅仅是电子商务平台、移动社交公司、搜索引擎企业,还有越来越多包含电商、金融、物流、云计算、文娱等场景的数字经济体。他们服务于数以亿计的用户、消费者,数千万的中小企业和越来越多的政府部门、社会组织,深刻影响和改变着经济、社会和人们的生活。

浙商研究会执行会长杨轶清表示,中国互联网领域企业在过去20年中的不断涌现,得益于始终与中国经济同频共振。

数字中国的今天：动能释放、领域拓宽

刷脸支付、扫码乘车、远程看房、直播带货……过去20年，伴随着电子商务等领域的蓬勃发展，我们能在生活的方方面面找到数字中国影响当代人的印记。

如今，数字化的触角正从电商平台、共享经济等领域，向产业发展、城市治理等维度延伸。

阿里巴巴集团副总裁刘松认为，现在数字化动能正在从消费侧转向供给侧，当今数字经济将改变生产、服务和城市治理，"中国近些年积累的信息化发展，为当下的工业与数字融合发展夯实了基础"。

在浙江，轮胎制造企业中策橡胶集团引入阿里云人工智能ET工业大脑，通过人工智能匹配最优的橡胶合成方案，极大稳定了混炼胶性能，使平均合格率提升了3%至5%。

数字化为生产注入新动能。有关统计显示，以智能化、高端化、高科技化为代表的新动能对中国经济增长贡献率超过三分之一、对城镇新增就业贡献率超过三分之二。

工业和信息化部信息通信管理局局长韩夏说，5G、工业互联网等新型基础设施建设持续加强，信息技术创新发展步伐不断加快，信息技术与产业融合日益深入，全社会对于加快推动实体经济数字化转型的认识不断提高，共识不断凝聚，开启了中国数字经济繁荣发展的新征程。

与此同时，数字中国的发展步伐不局限于经济领域，数字化、智能化正慢慢向城市服务、社会治理等方面拓宽。

打官司不必跑到法院，只需动动手指，在手机上就可以立案；深夜里发现一条证据，只需动动手指，可以立即向法官提交；开庭在即，远在异国他乡也可以实时参加庭审……

过去可能不敢想象这一切。但今天，中国人颠覆了世人打官司的传统模式：拜"移动互联网"时代所赐，当事人不用跑法院，仅凭一部智能手机，就可以参与诉讼的所有环节。

这就是基于微信小程序开发的"中国移动微法院"带来的巨变。正是这个轻巧的小程序，让普通百姓、律师、法官在司法活动中超越了时空限制。司法界人士普遍认为，这一看起来并不复杂的创新，其作用不容小觑：它明显地促进诉讼公正，降低诉讼成本，提高诉讼效率。

除了互联网法院以及"中国移动微法院"，数字化、智能化的触角正向更多领域延伸。据《数字中国指数报告(2019)》显示，2018年中国数字政务整体水平稳步提高，数字政务指数比2017年提高32%。

蚂蚁金服方面公布的一组数据也印证了这一观点。依托支付宝App，政务小程序接入，全国已有九成"一网通办"政务小程序上线支付宝，过去一年办件量超7亿。全国政务服务、城市服务数字化正在显著提升。

与此同时,数字化也促进了政府部门内部协同效率的提升。中国信息通信研究院与阿里研究院近期联合发布报告显示,依托钉钉社交平台构建的"浙政钉"已成为全国最大的省级政务移动办公协同平台。"浙政钉"已接入组织机构25.5万个、工作群16.2万个、日均消息185.6万条、上线应用691个。

　　马云表示,他始终相信阿里巴巴最大的价值不在利润、不在规模,而是能为世界、为未来解决多少问题,创造多少价值。阿里在大数据、云计算、人工智能、物联网上全面布局和准备,希望为中国乃至全球的数字化变革打下基础。

数字中国的未来:引导社会全方位升级

　　"20年前,互联网才刚刚来到中国,刚刚影响我们的工作生活;20年后,数字技术影响了社会生活、商业等方方面面。"一百年来,石油推动着处在工业时代里的世界滚滚向前。如今,在互联网时代,大数据被喻为新的"石油"。在数字变革下,大数据将引导整个社会全方位升级和变迁。

　　技术为城市带来的改变,已经成为科学家们、技术推动者们思考的问题。

　　2016年,在思考如何治理城市拥堵时,阿里第一次提出"城市数据大脑"的概念。经过杭州市政府批准,这一项目开始在萧山区的一片试验区域启动:阿里云的工程师们通过大数据和人工智能,通过智能摄像头"感知"的数据,调配红绿灯时间,让救护车辆高效通行。

　　一年后的云栖大会,"城市大脑1.0"正式与世人见面。而如今城市大脑已经对杭州420平方公里辖区实现覆盖。通过视频AI计算,每2分钟城市大脑就可以完成一次全区域扫描,自动识别40余种道路交通事件。

　　城市大脑是整个城市的智能中枢,可以对整个城市进行全局实时分析,利用城市的数据资源优化调配公共资源,最终将进化成为能够治理城市的超级智能。

　　目前,国内外20余个城市将通过城市大脑实现管理智能化。通过融合交警、交通、城管、环保、消防等多部门数据,城市大脑已经开始支持这些城市在交通治理、环境保护、城市精细化管理等方面的创新实践。

　　城市大脑的提出者王坚认为:"一个自然的逻辑和趋势是,全球城市发展到今天,需要引进一个新的基础设施,这就是'城市大脑'。中国在人类城市发展上,能够贡献一个新的基础设施,这很难得。互联网是一个新的基础设施,计算是一个新的生产力,数据是一个新的生产资料。"

　　新一代信息技术的发展,缩短了世界的距离,将越来越多领域的产品流通变为数据流通,将生产演变成服务,将工业劳动演变成信息劳动。万物互联无疑是未来重要的关键词。

　　"未来智慧城市的每个城市部件,工业智能制造的每台机器设备和每个产品,乃至每一个零部件都会具有唯一的数字身份,这对智慧社会经济发展和社会治理,有着极其重要和深远的意义。"中国工程院院士倪光南表示,当前信息化建设已经从互联网+,转向以数据深度挖掘和融合应用为主要特征的"智能+"的阶段。

倪光南说，云计算、大数据和 AI 技术日渐成熟，并广泛应用于移动互联网，向物联网，包括工业互联网延伸和覆盖。人、机、物三元融合发展态势已经成型，人类使用的信息系统、移动智能设备以及各种联网的传感器都在源源不断地产生和汇聚数据。

张勇说，未来阿里巴巴集团将继续发力三大战略，分别是全球化、内需、大数据云计算。全球化是未来，阿里要实现全球买、全球卖、全球付、全球运和全球玩，帮助数字经济基础设施和生态从中国走向全世界；内需是中国经济的未来，未来将是消费、体验驱动的经济，阿里要为最广大消费者满足不同层次的消费需求，通过大数据创造新需求；大数据和云计算是动力源泉，在所有行业上云、万物互联时代，阿里要持续帮助客户成为互联网公司、大数据驱动公司。

在多方看来，制造业正面临百年未有的大变局。5G 技术的应用、人工智能的落地、新能源的替代、智慧城市的治理等，正在推动跨界协作，构建新的智能生态。

波士顿咨询公司（BCG）发布报告预测，2035 年，中国的数字经济规模将达到 16 万亿美元，数字经济渗透率将达到 48%。数据是新的生产要素，建立在数据基础上的数字经济，更是创新经济、开放经济和代表未来的新经济。

从传统到前卫，从辗转突围到涅槃复兴，未来已来到我们中间，数字中国已经成为我们追逐梦想的强大引擎。毋庸置疑的是，今天的中国互联网发展已走在世界的前列。数据激起的波澜，已经在时光长河里发出铿锵声响，时刻丰富着我们的生活。

数字中国，好戏连台。

资料来源：学习强国

四、连锁企业数字化

企业数字化已被明确是企业未来的发展方向，2020 年的新冠疫情，更是加速了企业向数字化转型的进程。有学者将连锁企业数字化分为两个阶段：企业数字化、企业数智化。第一阶段实质是企业资源数据的数字化、企业业务数据的数字化的总称；第二阶段实质是利用大数据技术或智能解决方案，对企业运营数据进行高级统计分析。企业数字化包含了企业资源数据的数字化、企业业务数据的数字化、企业运营数据的高级统计分析，企业数字化发展到现在，利用高级统计分析，已经可以实现用数赋智，帮助企业做出商业规划。有学者将企业数字化的企业运营数据的高级统计分析定义为一个新的阶段——企业数智化，其实质是企业数字化的一个发展阶段。本书采用企业数字化说法，不进行数字化与数智化的划分。

企业数字化主要包括了人工智能（Artificial Intelligence）、区块链（Block Chain）、云计算（Cloud）、大数据（Big Data），这四者也称为"ABCD"。ABCD 以区块链技术为核心融合发展，在连锁企业数字化转型过程发挥着不同的功能，详见图 1-1。区块链技术建立了新的信任机制，拓展了企业间、企业与用户间、企业与政府间等各类组织间协作的广度和深度。在这个信任的基础上，实现了数据的汇集共享，形成海量大数据；大数据经人工智能、数据清洗与筛选得以过滤并形成优质数据，经数据分析与挖掘、人工智能将优质数据转为信息，经云计算、人工智能将信息转为知识，经人工智能将知识转为决策判断。

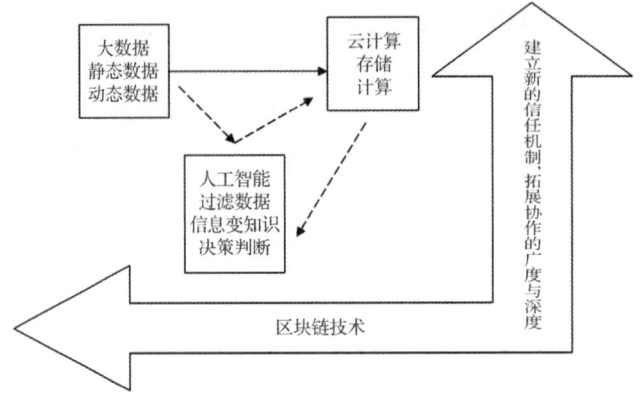

图 1-2　ABCD 功能关系图

任务实施

一名高职毕业生针对小明经营管理企业的数字化发展情况，对其数字化转型给出了以下意见，你赞同哪一个或哪几个意见呢？谈谈你的想法。

(1) 自己投资开发，提高本企业的数据汇聚、分析、应用、治理能力。

(2) 完全依靠数字化服务商，按照通用化数字化转型模板来进行数字化转型，对企业内部进行全部的整改。

(3) 依托数字化服务商，结合企业现有的运营情况进行数字化转型，对优秀的做法予以保留，对不合理的地方给以改进，通过数字化转型对企业内部进行一次合理的整合。

巩固练习

1. 图 1-3 为某企业的中台战略，结合图中体现的内容，分析该企业在信息化、数字化方面已经做了哪些工作。

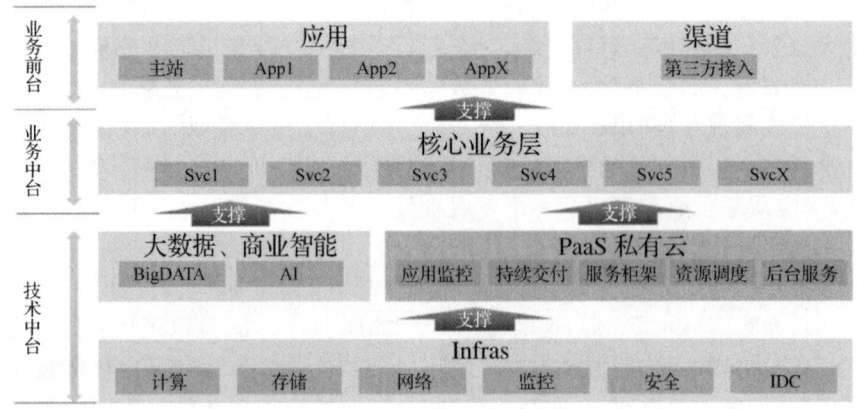

图 1-3　某企业中台战略架构图

2. 选择你熟悉的连锁企业，调研其信息化进程。

强化训练

一、不定项选择题

1. 下列关于信息的描述,不正确的是( )。
   A. 信息是按照用户的需要经过加工处理的数据
   B. 信息是有价值和使用价值的,通过人的主观努力可以获得一定的经济报酬
   C. 信息是决策的依据,支持企业做出决策与战略
   D. 信息流向,提高了企业管理的协调职能

2. 知识管理阶段以( )为核心。
   A. 图书馆文献信息源管理　　　　B. 信息流的控制
   C. 信息资源管理　　　　　　　　D. 知识的创造、应用、学习、理解和协商

3. 管理信息系统能为管理者提供( )支持。
   A. 预测　　　B. 计划　　　C. 控制　　　D. 决策

4. DSS 是指( )。
   A. 事务处理系统　　B. 管理信息系统　　C. 决策支持系统　　D. 经理信息系统

5. 管理信息系统的类型有( )。
   A. 事务处理系统(TPS)　　　　　B. 管理信息系统(MIS)
   C. 决策支持系统(DSS)　　　　　D. 以上都是

6. ( )主要实现商品库存的静态和动态管理,统一调度商品流向、车辆运输及仓储管理等。
   A. 配送中心管理信息系统　　　　B. 连锁总部管理信息系统
   C. 连锁分店管理信息系统　　　　D. 远程联网系统

7. 企业信息化的内容有( )。
   A. 企业资源计划　　B. 客户关系管理　　C. 产品信息化　　D. 电子商务
   E. 商业分析

8. 以下不属于新媒体的常见类型是( )。
   A. 知乎　　　B. 浏览器　　　C. 微博　　　D. 今日头条

9. 在云计算中,阿里云属于( )。
   A. 硬件设备　　B. 平台提供商　　C. 服务提供商　　D. 终端用户

10. 企业数字化以( )为核心融合发展。
    A. 大数据　　B. 云计算　　C. 人工智能　　D. 区块链技术

二、填空题

1. 常见的数据类型主要有三种,分别为( ),( ),( )。

2.从企业对数据管理的内容及范畴来分,企业数据主要有四种,分别为(　　),(　　),(　　),(　　)。

3.信息处理过程是(　　),(　　),(　　),(　　)。

4.连锁企业管理信息系统由(　　)、(　　)、(　　)及(　　)四部分组成。

5.云计算服务可以分为三种,分别为(　　),(　　),(　　)。

三、判断题

1.信息是知识的来源,支持企业完成知识管理。(　　)

2.商业分析与商业智能的区别在于商业智能考察的是当下,商业分析是对未来的精准预测。(　　)

3.现阶段比较有影响力的自媒体平台有博客、微博、微信公众号、今日头条等。(　　)

4.本地存储使数据存取更加灵活,其可以使用户在任何时间、任何地方,只要将可联网的装置连接到云上,就能方便地存取数据。(　　)

5.在选择云供应商之前,连锁企业要对云供应商进行充分的调研,对云供应商的资质、在行业内存在时间、财务状况、硬件设施、安全管理等方面进行调研。(　　)

学习单元二

连锁企业数据收集与录入技术

目标体系 ▶▶▶

知识目标	能力目标
掌握数字型代码； 理解编码原则； 掌握条码质量； 了解条码术语与结构； 掌握条码种类； 掌握RFID技术； 掌握图像识别技术相关知识； 掌握生物识别技术相关知识	初步具备制定企业资源分类、编码规则的能力； 初步具备对企业资源进行分类、编码的能力； 初步具备判断条码打印质量的能力； 初步具备条码编制软件使用能力； 初步具备利用二维码进行营销的能力

知识体系 ▶▶▶

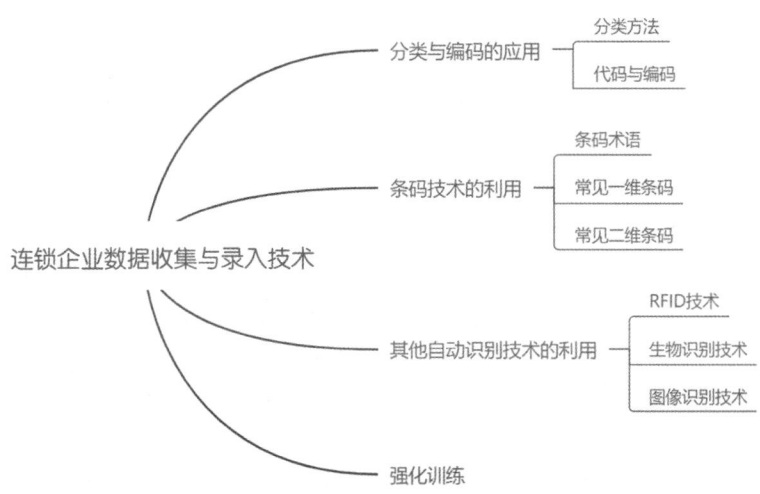

31

连锁企业数据处理与信息管理

任务一　分类与编码的应用

任务描述

将表2-1中企业资源录入美萍商业进销存管理系统。

表2-1　企业资源

商品	单位	规格	颜色	最低库存	最高库存
康师傅绿茶	瓶	500 ml	绿	100	300
百事可乐	瓶	600 ml	黑	100	420
娃哈哈葡萄汁饮品	瓶	500 ml	紫	100	300
美汁源果粒橙	瓶	420 ml	橙	100	450
今麦郎大骨面(牛骨)	袋	100 g	红	50	150
康师傅红烧牛肉面	袋	100 g	红	50	120
大胃王酸辣粉	桶	143 g	黄	50	150
同碗福火鸡面	袋	118 g	黑	50	200
恰恰香瓜子(烘炒类)	袋	26 g	红	100	200
好丽友呀！土豆(番茄酱味)	袋	40 g	红	100	210
达利园法式软面包	袋	360 g	黄	50	150
好丽友蛋黄派(注心型)	枚	23 g	黄	50	150
窗帘	片	1.5 m×2.0 m	蓝	46	84
床单	片	1.8 m×2.3 m	灰	50	90
桌布	片	1.37 m×1.37 m	白	53	82
T恤	件	XL	黑	100	210

如何将表2-1中的企业资源录入小明的社区便利店用的美萍商业进销存管理系统呢？

任务分析

小明的社区便利店经营的商品要远比表2-1中的多，这些商品属于小明的社区便利店的企业资源的一部分。在企业资源数字化的过程中，小明的社区便利店必须先对其经营管理的商品进行分门别类，再进行代码的编制，从而将企业资源录入美萍商业进销存管理系统。

数据的数字化是为了更好地管理连锁企业，这就需要连锁企业经营人员掌握分类、编码的知识，更好地完成连锁企业内部资源数据的数字化。

相关知识

一、分类方法

分类就是把杂乱无章的资源进行分门别类,使其变得有规律的过程。对于连锁企业,分类是为了方便管理,提高管理效率,创造企业价值。在连锁企业资源进行数字化转化的过程中,一般会用到线分类法和面分类法两种方法。

1. 线分类法

线分类法也称层级分类,是把拟分类的资源数据集合总体按选定的属性或特征逐次地分成相应的若干层次类目的过程。上下层级存在隶属关系。线分类法是一种传统的分类方法,应用广泛。

采用线分类法对资源进行分类,建立的资源分类体系的优点是层次性好、信息容量大、类目之间逻辑关系清晰、便于手工和计算机处理。其缺点是结构弹性不好,不利于资源类目层次的删减,因此在使用时要预留足够的后备容量。

在部门、人员、仓库、材料和部件、商品(产品)、客户、供应商等资源的录入中,人员隶属于部门,物不仅要有分类,还要归到不同的仓库中,客户和供应商也要按地区、等级或是按物的属性进行分类。在这个分类过程中多采用线分类法,而线分类法最大的缺点就是不利于资源类目层次的删减。如果连锁企业的企业资源没有严密、严谨的布局,那么在删减中间类目时,此类目之后的所有资源都要进行调整,这就会造成时间、人力的极大浪费,还很有可能造成数据的污染。

2. 面分类法

面分类法也称平行分类法,是把拟分类的资源数据集合总体根据其本身固有的属性或特征分成相互之间没有隶属关系的面(分类子集),每个面都包含一组类目;然后将隶属于不同面的类目按一定的规律组配成复合类目,从而区分出特征明显的局部资源数据集合体。

面分类法所建立的分类体系结构弹性好,是计算机数据处理常用的分类方法。缺点是组配结构复杂,不能充分利用容量,因此,面分类法通常作为线分类法的补充。

在线分类法建立的类目当中,每一个资源元素都需要具体属性的描述,而这些属性是以参考数据的形式单独录入信息系统中的,如商品 A 的包装颜色只有红色、绿色、黄色,商品 B 的包装颜色只有红色、绿色、黑色,在包装颜色这一参考数据中就要录入红色、绿色、黄色、黑色,虽然 A 商品用不到黑色,B 商品用不到黄色,黄色和黑色存在一定程度的空间浪费,但容量却并没有被充分利用。

二、代码与编码

管理信息系统启动与运行需要将企业资源数字化。在管理信息系统中,为了便于计算机处理、节省存储空间和处理时间,提高处理的效率与精确度(如进行信息分类、校对、统计及检索),需要将作为处理对象的企业资源代码化。

编码可以理解为编制代码,是赋予企业资源一组代码的过程。代码是一组由字符、数字、特殊标记等符号组合在一起的规则体系。

1. 代码

常见的代码有数字型代码、字母型代码、混合型代码。数字型代码是用一个或若干个阿拉伯数字表示分类对象的代码;字母型代码是用一个或若干个字母表示分类对象的代码;混合型代码是用数字和字母混合组成的用来表示分类对象的代码。这三种代码中,数字型代码最适合计算机处理使用,而且其结构简单,使用方便,易于推广。

2. 编制代码的原则

对录入管理信息系统的企业资源进行编码的时候要遵循以下原则:

(1)唯一性原则。在同一个企业资源的编码集中,每一个企业资源代码只能代表一个最小单位的企业资源,即每一个编码企业资源只能有唯一的代码。

【练习2.1】 判断表2-2、表2-3中的编码,哪个符合编码的唯一性原则。

表2-2　　　　员工名单

部门	员工姓名	员工代码
人力资源部	李莉	0201
	王晓明	0202
营运部	蔡袅	0301
	衣茌	0202

表2-3　　　　商品分类目录

大类	中类	小类	小类全代码
食品	饮料	水	10101
		果汁	10201
纺织品	男装	T恤	20101
		衬衫	30102

(2)稳定性原则。企业资源代码在确定后应在一定时期内保持稳定,不能经常或轻易变更,以保证企业资源编码系统的稳定性。企业资源不是静止的,人员在流动,商品在流通流转,资产在流转折旧,当这些资源不归属企业时,其企业资源代码仍要保留,不能给其他的人财物使用,以保证企业资源编码系统的稳定性。

(3)层次性原则。企业资源的编码要层次清楚,能够清晰反映资源分类关系、分类体系及目录内部固有的逻辑关系。

(4)可扩充性原则。编码时要留足备用代码,当需要增加企业资源新类目或删减旧类目时,不需要破坏编码结构再重新编码。

(5)合理性原则。企业资源编码结构应与企业资源科学分类体系和企业生产经营实际需要相适应。

(6)简明性原则。企业资源编码应简明、易记、易校验,尽可能减少代码长度,这样既便于手工操作,减少差错率,又便于计算机处理。

(7)统一性和协调性原则。企业资源中商品的编码要同国家商品分类编码标准相一致,与国际通用商品分类编码制度相协调,便于实现信息交流和信息共享。

3. 编制代码的方法

代码的编制方法主要有顺序编码法、层次编码法、平行编码法、混合编码法。对应的代码种类有顺序码、区间码、特征码。

顺序数字编码法编制顺序码。顺序码是以某种顺序形式编码,用连续的数字或字母表示的代码。顺序码短小简单,用其记录的定位使用方便,易于管理;但顺序码没给出任何有关编码对象的其他信息,没有逻辑基础,可识别性差,给记忆带来不便。顺序码可作为其他码使用的补充,可以用在分类体系中细分类中。

层次编码法编制区间码。区间码是将数据分成若干组,每个区间代表一个组中代码的数字和位置,区间码中的数字和位置都具有一定的意义。区间码的使用前提是分类对象按层级归类,因此在给类目赋予代码时,要按层级依次进行,将类目分成若干个层次,使每个分类的类目按分类层级一一赋予代码。从左至右的代码,第一位代表第一层级(大类)类目,第二位代表第二层级(中类)类目,以此类推。这样,区间码的结构就反映了分类层级的逻辑关系。区间码从结构上反映了数据的类别,从而便于计算机处理数据;但多数区间码存在因代码位数多而出现代码冗余的现象。

平行编码法(也称特征组合编码法)编制特征码。一个数据项中可以包含多个特征码,可反映数据的多面的特性,从而形成了多面码。平行编码法是指每个面都用一个代码表示,面与面之间的代码没有层次关系和隶属关系,根据需要选用各个面中的代码,并按预先确定的面的排列序组合成复合代码的一种编码方法。它多用于面分类体系,其优点是编码结构有较好的弹性,可以比较简单地增加分类编码面的数目,必要时还可更换个别的面。但因为并非所有可组配的复合代码都有实际意义,所以这种编码的缺点是代码过长,冗余度大,代码容量利用率低。

混合编码法是层次编码法和平行编码法的组合,代码的层次与类目的等级不完全相适应。在编码实践中,在把分类对象的各种属性或特征分列出来后,将某些属性或特征用层次编码法表示,其余的属性或特征则用平行编码法表示。这种编码方法吸取了两者的优点,效果往往比较理想。

任务实施

通过对分类编码知识的学习,你如何更好地管理表 2-1 中的企业资源呢?说说你的理由。并将你的想法付诸行动,完成表 2-1 中企业资源的录入。

巩固练习

1. 制定企业资源的分类与编码规则并完成分类与编码。

2. 登录商鼎卖场管理信息系统软件(试用版)，按照软件编码规则完成表2-4中企业资源的录入。

表2-4　　　　　　　　　　企业资源数据

部门	小组	员工姓名	大类	中类	小类	商品档案	供应商
采购部	食品组	李莉	加工食品	饮料	茶饮料	三得利/无糖/乌龙茶/500 ml	力天盛世贸易有限公司/1551234561/210200123456789
采购部	食品组	王晓明	加工食品	酒品	白酒	牛栏山二锅头/特10/白酒/52度	力天盛世贸易有限公司/1551234561/210200123456789
营运部	食品组	蔡袅	加工食品	方便食品	方便面	李子柒/红油面皮/135g*2	力天盛世贸易有限公司/1551234561/210200123456789
营运部	食品组	衣茬	加工食品	面点	面包	李子柒/红油面皮/135g*2	力天盛世贸易有限公司/1551234561/210200123456789

任务二　条码技术的利用

任务描述

小明的社区便利店日益壮大，小明已经注册了自有品牌商标，并已经与生产厂家合作生产。小明打算为自有品牌的商品向中国物品编码中心申请了条码，并拟招聘一名员工专门负责自有品牌商品条码的申请、编制、打印等相关工作。

假如你去应聘这个岗位，你能完成条码的申请、编制以及打印的工作吗？

任务分析

条码与人们的生活息息相关，在商业经济中发挥着不可或缺的作用。连锁企业要借助于商品条码实现更快更好的发展，就要了解条码的种类、代码结构与打印质量的相关知识，从而让商品借助于条码进入更广阔的市场。

相关知识

以商品条码为基础的公共信息服务平台已经建立，在该平台上可以开展条码商桥、条码微站、产品防伪、质量追溯、质量监管、数据共享、电子商务等多项信息化服务，消费者也可以通过中国商品信息服务平台，随时对商品信息进行查询。这也促使企业更加关注条码技术。

一、条码术语

条码是指由一组规则排列的条、空组成的符号,可供机器识读,用以表示一定的信息,包括一维条码和二维条码。不论是采取何种规则印制的条码,其都由空白区、起始符、数据符与终止符组成。有些条码在数据符与终止符之间还有校验符;多数条码有中间分隔符,并将数据符分为左侧数据符、右侧数据符。此外,条码符号结构还包括供人识别字符。

图 2-1　EAN-13 条码符号结构

| 左侧空白区 | 起始符 | 左侧数据符(6位数字) | 中间分隔符 | 右侧数据符(5位数字) | 校验符(1位数字) | 终止符 | 右侧空白区 |

图 2-2　EAN-13 条码符号结构构成示意图

空白区是条码符号外侧与空的反射率相同的限定区域。一维条码空白区分为左空白区和右空白区,左空白区是让扫描设备做好扫描准备,右空白区是保证扫描设备正确识别条码的结束标记。二维条码的空白区位于条码符号的两侧或四周。

起始符是位于条码起始位置的若干条和空。当扫描器读取到该字符时,便开始正式读取代码了。

数据符分为左侧数据符和右侧数据符,左侧数据符在起始符右侧、中间分隔符左侧,右侧数据符在中间分隔符右侧、校验符左侧。数据符是表示一定信息的条码符号,是条码的主要内容。

校验符:检验读取到的数据是否正确。不同编码规则可能会有不同的校验规则。

终止符是位于条码终止位置的若干条和空,用于告知代码扫描完毕。

条码符号是由条码及空白区或保护框构成的一种信息符号。

条是条码的暗条,简称条,它是条码符号中反射率较低的部分。条宽是条码字符中条的宽度尺寸;条高是条码字符中条的高度尺寸。条宽比是条码中最宽条与最窄条的宽度比。

空是条码的亮条,简称空,它是条码符号中反射率较高的部分。空宽是条码字符中空的宽度尺寸。空宽比是条码中最宽空与最窄空的宽度比。

模块是模块组配编码法组成条码符号的基本单位。模块是一种代表规定长度的物理量,是确定条、空宽度的计量单位。单元是构成条码字符的条和空。模块组成单元,一个单元包含的模块数是由编码方式决定的。单元边缘是指扫描反射率曲线上毗邻单元的空发射率和条反射率中间值对应点的位置,单元边缘影响条码的扫描识别。

逻辑值是条码模块表示的逻辑值,用二进制表示。

反射率是指反射光强度与入射光强度的比值。条码符号条与空的反射率之差与空反射率的比值称为对比度,对比度对条码的扫描识别有影响。

供人识别字符是位于条码符号的下方与条码相对应的字符。字符集是指某种条码所含全部条码字符的集合,一般有纯数字、数字加字母、字母加符号等。

二维条码是指在二维方向上表示信息的条码符号。

商品二维条码是用于标识商品及商品特征属性、商品相关网址等信息的二维条码。

思政园地

条码技术发展史

条码最早出现在20世纪40年代,但得到实际应用和发展还是在20世纪70年代。现在世界上的各个国家和地区都已普遍使用条码技术,其应用领域也越来越广泛,并逐步渗透到许多技术领域。

早在20世纪40年代,美国乔·伍德兰德(Joe Wood Land)和伯尼·西尔沃(Berny Silver)两位工程师就开始研究用代码表示食品项目及相应的自动识别设备,于1949年获得了美国专利。这种代码图案很像微型射箭靶,被叫作"公牛眼"代码。靶式的同心圆是由圆条和空绘成的圆环形。在原理上,"公牛眼"代码与后来的条码很相近,遗憾的是当时的工艺和商品经济还没有能力印制出这种码。然而,10年后乔·伍德兰德作为IBM公司的工程师成为北美统一代码UPC码的奠基人。以吉拉德·费伊塞尔(Girard Fessel)为代表的几位发明家,于1959年申请了一项专利,描述数字0—9中每个数字可由七段平行条组成。但是这种码使机器难以识读,人读起来也不方便,不过它促进了后来条码的产生与发展。不久,E·F·布宁克(E·F·Brinker)申请了另一项专利,该专利是将条码标识在有轨电车上。20世纪60年代西尔沃尼亚(Sylvania)发明的一个系统被北美铁路系统采纳。这两项可以说是条码技术最早期的应用。1970年美国超级市场Ad Hoc委员会制定了通用商品代码UPC码,许多团体也提出了各种条码符号方案。UPC码首先在杂货零售业中试用,这为以后条码的统一和广泛采用奠定了基础。次年布莱西公司研制出布莱西码及相应的自动识别系统,用以库存验算,这是条码技术第一次在仓库管理系统中的实际应用。1972年,蒙那奇·马金(Monarch Marking)等人研制出库德巴(Codebar)码,此时美国的条码技术进入新的发展阶段。

1973年,美国统一编码协会(简称UCC)建立了UPC条码系统,实现了该码制标准化。同年,食品杂货业把UPC码作为该行业的通用标准码制,为条码技术在商业流通销售领域里的广泛应用起到了积极的推动作用。

1976年，在美国和加拿大超级市场上，UPC码的成功应用给人们以很大的鼓舞，尤其是欧洲人对此产生了极大兴趣。次年，欧洲在UPC-A码基础上制定出欧洲物品编码EAN-13码和EAN-8码，签署了"欧洲物品编码"协议备忘录，并正式成立了欧洲物品编码协会（简称EAN）。1981年，由于EAN已经发展成一个国际性组织，故改名为"国际物品编码协会"。2004年，EAN全会上通过EAN更名战略，将"EAN"更名为"GS1"。

日本从1974年开始着手建立POS系统，研究标准化以及信息输入方式、印制技术等，并在EAN基础上，于1978年制定了日本物品编码JAN。同年，日本加入了国际物品编码协会，开始进行厂家登记注册，并全面转入条码技术及其系列产品的开发工作，10年之后成为EAN最大的用户。

从20世纪80年代初，人们围绕提高条码符号的信息密度开展了多项研究，128码和93码就是其中的研究成果。128码于1981年被推荐使用，而93码于1982年使用。这两种码的优点是条码符号密度比39码高出近30%。随着条码技术的发展，条码码制种类不断增加，因而标准化问题显得很突出。为此，先后出现了军用标准1189,交叉25码、39码和库德巴码ANSI标准MH10.8M等。同时一些行业也开始建立行业标准，以适应发展需要。此后，戴维·阿利尔又研制出49码，这是一种非传统的条码符号，它比以往的条码符号具有更高的密度（二维条码的雏形）。接着，特德·威廉斯(Ted Williams)推出16K码，这是一种适用于激光扫描的码制。到1990年年底，共有40多种条码码制，相应的自动识别设备和印刷技术也得到了长足的发展。

从20世纪80年代中期开始，我国一些高等院校、科研部门及一些出口企业，把条码技术的研究和推广应用逐步提到议事日程。一些行业如图书、邮电、物资管理部门和外贸部门已开始使用条码技术。1988年12月28日，经国务院批准，国家技术监督局成立了"中国物品编码中心"。该中心的任务是研究、推广条码技术，同意组织、开发、协调、管理我国的条码工作。

在经济全球化、信息网络化、生活国际化、文化国土化的资讯社会到来之时，起源于20世纪40年代、研究于60年代、应用于70年代、普及于80年代的条码与条码技术及各种应用系统，引起了世界流通领域里的大变革。条码作为一种可印制的计算机语言，未来学家称之为"计算机文化"。20世纪90年代的国际流通领域将条码誉为商品进入国际计算机市场的"身份证"，使全世界对它刮目相看。印刷在商品外包装上的条码，像一条条经济信息纽带将世界各地的生产制造商、出口商、批发商、零售商和顾客有机地联系在一起。这一条条纽带，一经与EDI系统相联，便形成多项、多元的信息网，各种商品的相关信息犹如投入了一个无形的永不停息的自动导向传送机构，流向世界各地，活跃在世界商品流通领域。

资料来源：中国物品编码中心

二、常见一维条码

在我国,零售商品标识代码采用 GTIN-13、GTIN-8、GTIN-12 三种代码结构,其中 GTIN-13 是最常用的商品标识代码结构,用 EAN-13 条码表示。在北美和加拿大等地,使用 GTIN-12 商品代码结构,用 UPC-A 条码表示。当出现包装印刷面积不足等特殊情况时,采用 GTIN-8 商品代码结构,用 EAN-8、UPC-E 条码表示。

EAN/UPC 条码字符集包括 A 子集、B 子集和 C 子集。每个条码符号均由 2 个条和 2 个空构成。每个条和空由 1~4 个模块组成,每个条码字符的总模块数为 7 个。

1. 13 位数字代码

13 位数字代码是商品条码常见结构之一,由厂商识别代码、商品项目代码、校验码三部分组成,分为四种结构。详见表 2-5。

表 2-5　　　　　　　　　　　　　13 位代码结构

结构种类	厂商识别代码	商品项目代码	校验码
结构一	X13 X12 X11 X10 X9 X8 X7	X6 X5 X4 X3 X2	X1
结构二	X13 X12 X11 X10 X9 X8 X7 X6	X5 X4 X3 X2	X1
结构三	X13 X12 X11 X10 X9 X8 X7 X6 X5	X4 X3 X2	X1
结构四	X13 X12 X11 X10 X9 X8 X7 X6 X5 X4	X3 X2	X1

厂商识别代码由中国物品编码中心负责分配和管理。其前 3 位代码为前缀码,由国际物品编码协会分配给中国物品编码中心,已经分配给中国物品编码中心的前缀码为 690~699。商品项目代码一般由厂商依据具体商品种类自行编制,也可由中国物品编码中心负责编制。校验码用于检验整个编码的正误。一般条码编制器,可输入校验码以前的位数,自动计算校验码,生成条码。企业检验时,可参考表 2-6 所示的方法。

表 2-6　　　　　　　　　13 位代码校验码的计算方法

计算步骤	实例说明													
自右向左顺序编号	位置序号	13	12	11	10	9	8	7	6	5	4	3	2	1
	代码	6	9	0	1	2	3	4	5	6	7	8	9	X1
从序号 2 开始求出偶数位上数字之和①	9+7+5+3+1+9=34	①												
①×3=②	34×3=102	②												
从序号 3 开始求出奇数位上数字之和③	8+6+4+2+0+6=26	③												
②+③=④	102+26=128	④												
用大于或等于结果④且为 10 的整数倍的最小数减去④,其差即为所求校验码的值	130-128=2 校验码=2													

EAN-13 条码是最常见的 13 位一维条码,广泛应用于零售领域。EAN-13 条码左右两侧空白区的最小宽度分别为 11 个模块和 7 个模块,对应最小宽度分别为 3.63 毫米、2.31 毫米;左侧空白区紧邻的起始符有 3 个模块组成;左侧数据符有 42 个模块组成;中间分隔符有 5 个模块组成;右侧数据符有 35 个模块组成;校验符有 7 个模块组成;终止符有 3 个模块组成;共计 113 个模块。供人识别字符是 13 位数字。放大系数为 1 时,模块宽度为 0.330 毫米,条码总宽度为 37.29 毫米。

UPC-A 条码广泛应用于美国、加拿大等国家。系统字符由 UCC 负责统一分配给会员。制造厂商代码用于标识商品生产厂家,由 UCC 分配给每个会员。商品标识代码用于标识商品的特征或属性,由制造厂商根据 UCC 规则自行编制和管理。UPC-A 条码左右两侧空白区最小宽度均为 9 个模块,对应尺寸为 2.97 毫米,其他结构与 EAN-13 条码相同,UPC-A 供人识别字符中的第一位为系统字符,最后一位是校验字符,分别被放在起始符和终止符的外侧。放大系数为 1 时,条码总宽度为 37.29 毫米。

【练习 2.2】 EAN-13、UPC-A 条码采用的代码结构分别是什么?

我国采用的店内条码有 8 位代码和 13 位代码。

13 位代码的前缀码为 20~24,8 位代码的前缀码为 2,用于标识商店自行加工店内销售的商品和变量零售商品。

13 位代码有两种,一种是不包含价格等信息的 13 位代码,另一种是包含价格等信息的 13 位代码。不包含价格等信息的 13 位代码由前缀码、商品项目代码和校验码组成,其中前缀码为 2 位数字,商品项目代码为 10 位数字,校验码为 1 位数字。包含价格等信息的 13 位代码由前缀码、商品种类代码、价格或度量值代码、价格或度量值校验码、校验码等 5 部分组成,其中,前缀码为 2 位数字,商品种类代码为 4~6 位数字,价格或度量值代码为 4~5 位数字,价格或度量值校验码为 1 位数字或缺省,根据价格或度量值代码的各位数字计算而成,校验码为 1 位数字。

8 位代码由前缀码、商品项目代码和校验码组成。前缀码为 1 位数字,商品种类代码为 6 位数字,校验码为 1 位数字。

2. 8 位数字代码

8 位数字代码是商品条码常见结构之一,由前缀码、商品项目代码和校验码三部分组成。具体代码结构见表 2-7。

表 2-7　　　　　　　　　　　　8 位代码结构

前缀码	商品项目代码	校验码
X8 X7 X6	X5 X4 X3 X2	X1

X8 X7 X6 是前缀码,由国际物品编码协会分配给中国物品编码中心。X5 X4 X3 X2 是商品项目代码,由中国物品编码中心负责分配和管理。X1 是校验码,用于检验整个编码的正误。校验码的计算方法见表 2-8。

表 2-8　　　　　　　　　　　　8 位代码校验码的计算方法

计算步骤	实例说明								
自右向左顺序编号	位置序号	8	7	6	5	4	3	2	1
	代码	6	9	0	1	2	3	4	X1
从序号 2 开始求出偶数位上数字之和①	4＋2＋0＋6＝12　　①								
①×3＝②	12×3＝36　　②								
从序号 3 开始求出奇数位上数字之和③	3＋1＋9＝13　　③								
②＋③＝④	36＋13＝49　　④								
用大于或等于结果④且为 10 的整数倍的最小数减去④,其差即为所求校验码的值	50－49＝1 校验码＝1								

EAN-8 条码左右两侧空白区均为 7 个模块宽,对应宽度为 2.31 毫米,左侧数据符宽度为 28 个模块,右侧数据符宽度为 21 个模块,起始符、中间分隔符、校验符、终止符与 EAN-13 条码相同,共计 81 个模块。供人识别字符是 8 位数字。放大系数为 1 时,模块宽度为 0.330 毫米,条码总宽度为 26.73 毫米,供人识别字符高度为 2.65 毫米。

UPC-E 条码的代码结构中的系统字符只能为"0",即 UCC 为企业分配的编码系统符是"0"时,才能使用此条码;商品项目识别代码是根据一定规则由厂商代码和商品项目代码经删"0"后得出的;校验码是将 UPC-E 还原为 UPC-A,按规则计算得出的。UPC-E 条码的符号结构由左侧空白区、起始符、数据符、终止符、右侧空白区及供人识别字符组成,其中左侧空白区、起始符的模块数同 UPC-A 条码,终止符宽度为 6 个模块,右侧空白区最小宽度为 7 个模块,数据符宽度为 42 个模块。放大系数为 1 时,左侧空白区宽度为 2.97 毫米,右侧空白区宽度为 2.31 毫米,条码总宽度为 22.11 毫米。

3. 其他一维条码种类与结构

39 条码是 1975 年 Intermec 公司推出的一种条码,它是一种条、空都表示信息的非连续型、非定长、具有自校验功能的双向条码。它具有误码率低、表示的字符个数多等优点,在汽车行业、经济管理、医疗卫生、邮政及储运单元等领域应用十分广泛。39 条码的字符集包括 10 个数字(0~9)、26 个英文字母(A~Z)。减号(—)、斜杠(/)、圆点(·)、加号(＋)、美元符号($)、空格、百分号(%)等 7 个特殊符号,起始符和终止符(*),共计 44 个字符。39 条码具有一定的符号特征:每一个条码字符由 9 个单元组成,其中 3 个是宽单元,其余是窄单元,故称之为"39 条码",详见图 2-3。

图 2-3　39 条码

库德巴条码是一种条、空均表示信息的非连续型、非定长、具有自校验功能的双向条码。广泛应用在医疗卫生、图书馆行业,也用于邮政领域。库德巴条码的字符集有 10 个数字(0~9)，4个英文字母(A~D)，还有减号(一)、斜杠(/)、圆点(·)、加号(＋)、美元符号($)、冒号(:)等特殊字符。

交叉二五条码在仓储和物流管理中被广泛采用。它是一种连续、非定长、具有自校验功能且条、空都表示信息的双向条码。它常用于定量储运单元的包装箱上。交叉25条码的字符集是10个数字(0~9)。

ITF-14条码只用于标识非零售的商品。ITF-14条码对印刷精度要求不高，比较适合直接印制(热转印或喷墨)在表面不够光滑、受力后尺寸易变形的包装材料上。因为这种条码符号较适合直接印在瓦楞纸包装箱上，所以也称"箱码"。ITF-14条码的符号结构由矩形保护框、左侧空白区、7对数据符、终止符、右侧空白区组成。

EAN/UCC-128条码由国际物品编码协会、美国统一代码委员会和自动识别制造商协会共同设计而成。它是一种连续的、非定长的、有含义的高密度代码。128条码是物流条码实施的关键，它能够更多地标识贸易单元的信息，如产品批号、数量、规格、生产日期、有效期、交货期、交货地等，使物流条码成为贸易中的重要工具。128条码的印制要求较宽松，在许多粗糙、不规则的包装上都可以印制，128条码的识别相对比较容易。

4. 一维条码打印质量

一个合格的EAN条码必须满足以下条件：①商品标识代码符合国家标准规定的编码规则。②符号的质量等级不低于1.5/06/6701。但在商品的包装、储存、装卸等过程中，商品条码容易被损坏，质量等级降低，因此建议商品条码的质量等级不低于2.5/06/670。③符号所表示的商品标识代码应与供人识别字符相同，即满足符号一致性要求。④空白区的宽度尺寸应不小于标准规定的最小宽度尺寸(mm)四舍五入保留小数点后一位的值。

控制好条码符号的印刷及出厂前的检测，是保证条码符号质量的重要前提之一，达不到质量要求的条码符号会给用户的管理造成混乱。在打印时应注意避免出现以下情况：

(1)条码符号的截短。条码符号高度被截短后，会降低解码概率，影响识读速度。因为识读设备一般都是全向式扫描(见图2-4)，在扫描的过程中扫描线在经过所有条和空以后(包括空白区)才能识读。条高越小，对扫描的要求就会越高，识读成功率就越低，这样会影响识读设备的工作效率，因此要确保条码符号条高的尺寸合适，并选择合理的放置位置将完整的条码印刷在包装上。如果包装设计预留的尺寸确实不够，必须截取条高才能放置，那么最多只能截短条码整体高度的1/3，保留2/3。

(2)空白区宽度不足和污染。空白区宽度不够会导致条码符号误读或拒读，在印刷时，除应按照标准规定的要求留出足够的空间外，还应注意在空白区内不要有字符、图形、穿孔、划痕等。同时，商品条码还应适当远离商品外包装的边缘，以满足对空白区尺寸的要求。图2-5就是右侧空白区宽度不足导致条码符号拒读的不合规条码。

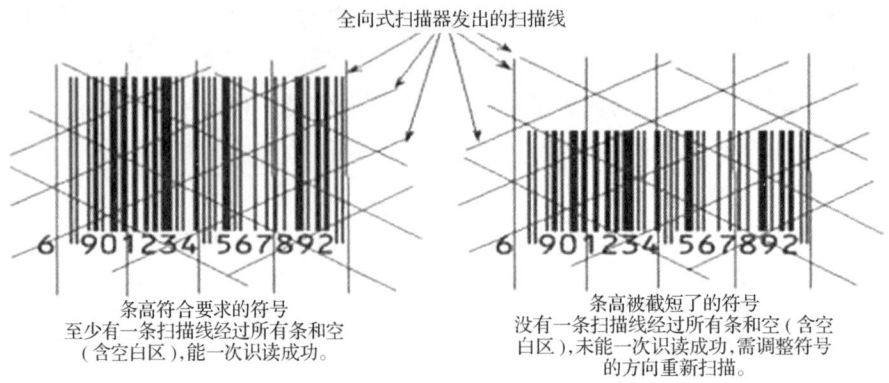

图 2-4 全向式扫描示意图

图 2-5 右侧空白区宽度不足

图 2-6 底色为银色底的条码

(3)符号反差不合规。条码扫描识别是通过专业识读设备依靠辨别条的边界和宽窄来实现的,因此条与空的颜色对比要明显,以符号反差最大化为原则。符号反差是扫描反射率曲线的最高反射率与最低反射率之差,符号反差反映了条码符号条、空颜色搭配或承印材料及油墨的反射率是否满足要求。对于没有底色、透明底色的条码在使用胶片印刷的时候要加印底色,底色涂层尽量要厚一些,太薄的话在扫描的时候会透光。金色和银色不能作为条码的底色,因为金色和银色的反光度和光泽度会造成镜面反射,影响识读效果,所以在印刷中不可采用,图 2-6 就是符号反差不合规条码。一般来说,白色为空、黑色为条是最理想的颜色搭配。通常条码符号的条、空颜色可参考表 2-9、表 2-10 进行搭配。

表 2-9 条、空可搭配颜色

序号	空色	条色	采用	序号	空色	条色	采用
1	白色	黑色	√	9	红色	黑色	√
2	白色	蓝色	√	10	红色	蓝色	√
3	白色	绿色	√	11	红色	绿色	√
4	白色	深棕色	√	12	红色	深棕色	√
5	橙色	黑色	√	13	黄色	黑色	√
6	橙色	蓝色	√	14	黄色	蓝色	√
7	橙色	绿色	√	15	黄色	绿色	√
8	橙色	深棕色	√	16	黄色	深棕色	√

表 2-10　　　　　　　　　　条、空不可搭配颜色

序号	空色	条色	采用	序号	空色	条色	采用
1	白色	黄色	×	9	暗绿	蓝色	×
2	白色	红色	×	10	金色	橙色	×
3	白色	金色	×	11	金色	黑色	×
4	白色	浅棕色	×	12	金色	红色	×
5	白色	橙色	×	13	蓝色	黑色	×
6	亮绿	红色	×	14	蓝色	红色	×
7	亮绿	黑色	×	15	深棕色	黑色	×
8	暗绿	黑色	×	16	深棕色	红色	×

（4）放大系数不合适。通常情况下，EAN-13 放大系数为 0.80～2.00；ITF-14 放大系数为 0.5～1.0；UCC/EAN-128 条码放大系数为 0.5～0.84。放大系数过小容易降低条码印刷质量，影响商品条码在市场中的正常流通；放大系数过大会影响产品外包装整体的美观，建议在不影响产品外包装整体协调性和美观性的情况下，放大系数为 0.90～2.00 较为适宜。放大系数、模块宽度及 EAN 条码符号主要尺寸对照表见表 2-11。

表 2-11　　　放大系数、模块宽度及 EAN 条码符号主要尺寸对照表　　　（单位：毫米）

| 放大系数 | 模块宽度 | EAN 条码符号的主要尺寸 ||||||||
| | | EAN-13 |||| EAN-8 ||||
		条码长度	条码符号长度	条高	条码符号高度	条码长度	条码符号长度	条高	条码符号高度
0.80	0.261	25.08	29.83	18.28	20.74	17.69	21.38	14.58	17.05
0.85	0.281	26.65	31.70	19.42	22.04	18.79	22.72	15.50	18.11
0.90	0297	28.22	33.56	20.57	23.34	19.90	24.06	16.41	19.18
1.00	0.330	31.35	37.29	22.85	25.93	22.11	26.73	18.23	21.31
1.10	0.363	34.49	41.01	25.14	28.52	24.32	29.40	20.05	23.44
1.20	0.396	37.62	44.75	27.42	31.12	26.53	32.08	21.88	25.57
1.30	0.429	40.76	48.48	29.71	33.71	28.74	34.75	23.70	27.70
1.40	0.462	43.89	52.21	31.99	36.30	30.95	37.42	25.52	29.83
1.50	0.495	47.03	55.94	34.28	38.90	33.17	40.10	27.35	31.97
1.60	0.528	50.16	59.66	36.56	41.49	35.38	42.77	29.17	34.10
1.70	0.561	53.30	63.39	38.85	44.08	37.59	45.44	30.99	36.23
1.80	0.594	56.43	67.12	41.13	46.67	39.80	48.11	32.81	38.36
1.90	0.627	59.57	70.85	43.42	49.27	42.01	50.79	34.64	40.49
2.00	0.660	62.70	74.58	45.70	51.86	44.22	53.46	36.46	42.62

a. 条码长度为从条码起始符左侧边缘到终止符右侧边缘的距离。

b. 条码符号长度为条码长度与左右侧空白区最小宽度之和。

c. 条高为条码短条高度。

d. 条码符号高度为条的上端到供人识别字符下端的距离。

以上几个问题是商品条码在印刷中普遍存在的问题,当然条码在印刷中除了以上几个因素外,还有印刷材质、放置位置等因素也会影响到条码质量;条码印刷和打印过程中出现的脱墨、污点、覆盖物等现象,也会影响条码质量。条码符号的每一个质量参数都是扫描识读和正确应用的重要因素,只要在印刷的过程中对条码符号质量参数进行有效的控制,就会避免出现条码印刷质量不合格的情况,从而在流通领域中也就不会出现拒读、误读的情况了。

【练习2.3】 判断下列说法是否正确。

一维条码大小没有限制,可以任意设置打印。(   )

一维条码打印时出现污点、覆盖物等现象会影响条码质量。(   )

一维条码的打印质量高低不影响扫描识读。(   )

三、常见二维条码

二维条码能对物品进行描述,是一种具有信息存储、传递和识别功能的技术,其广泛应用于多个领域。二维条码的编码密度高、编码范围广、容错能力高,译码可靠性高,可以引入加密措施,成本低、形状和尺寸大小比例可变,可使用激光或CCD阅读器识别。

常见的种类主要有行排式二维条码、矩阵式二维条码两类。

1.行排式二维条码

行排式二维条码又称为堆积式二维条码或层排式二维条码,其编码的原理建立在一维条码的基础之上,按需要堆积成两行或多行。它在编码设计、校验原理和识读方式等方面继承了一维条码的一些特点,识读设备、印刷设备与一维条码兼容,但因其行数增加,需要对行进行判定,其译码算法与代码编制软件也不完全与一维条码一致。代表性的行排式二维条码有Code49、Code 16K、PDF417等。

PDF417条码由留美华人王寅军发明。PDF取自英文"Portable Data File"三个单词的首字母,其意思是"便携数据文件",其组成条码的每一个符号字符都由4个条和4个空共17个模块构成,所以也称为PDF417条码,其符号字符结构详见图2-7。该条码是一个多行结构,符号的左侧、右侧、顶部、底部为空白区,上下空白区之间是多行结构,每行数据符号字符数相同,行与行左右对齐直接衔接,每行由左侧空白区、起始符、左行指示符、1~30个数据符号字符、右行指示符、终止符、右侧空白区,具体详见图2-8。PDF417最小行数为3,最大行数为90。该条码可以用多种密度印刷,以适应不同的印刷及扫描条件的要求,但其符号的模块宽度不得小于0.191毫米。

2.矩阵式二维条码

矩阵式二维条码又称棋盘式二维条码,它是在一个矩形空间通过黑、白像素在矩阵中的不同分布进行编码的。在矩阵相应元素位置上,用点(方点、圆点或其他形状)的出现表示二进制"1",点的不出现表示二进制"0",点的排列组合确定了矩阵式二维条码所代表的意义。矩阵式二维条码是建立在计算机图像处理技术、组合编码原理等基础上的一种新型图形符号自动识读处理码制。具有代表性的矩阵式二维条码有Code One、Maxi Code、

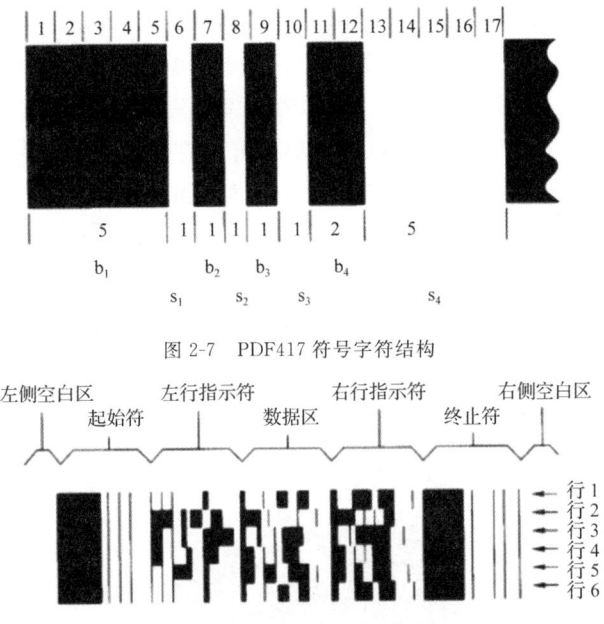

图 2-7　PDF417 符号字符结构

图 2-8　PDF417 条码符号结构

QR Code、Data Matrix 等。

QR 码由日本 DENSO 公司于 1994 年研制出来。它具有信息容量大、可靠性高、可表示汉字及图像多种文字信息、保密防伪性强、高速全方位识读、有效表示汉字等特点。每个 QR 码符号由名义上的正方形模块构成,组成一个正方形矩阵列,它由编码区域和包括位置探测图形、位置探测图形分隔符、定位图形、校正图形在内的功能图形组成。功能图形不能用于数据编码。QR 码符号的四周是空白区。具体符号结构详见图 2-9。

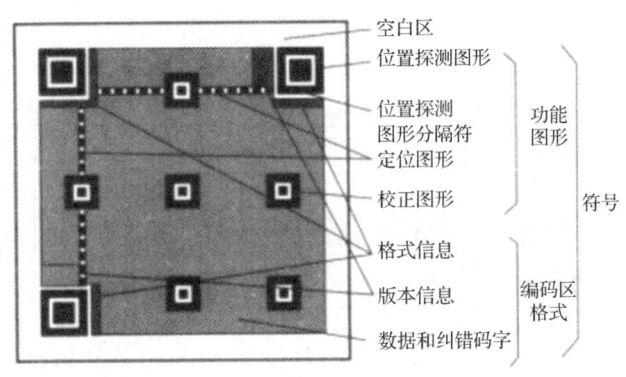

图 2-9　QR 码符号结构

汉信码由中国物品编码中心自主研发,是具有自主知识产权的一种二维码。汉信码的信息容量大,可以表示数字、英文字母、汉字、图像、声音、多媒体等一切可以二进制化的信息;汉信码具有高度的汉字表示能力和汉字压缩效率。汉信码编码范围甚广,可以将照片、指纹、掌纹、签字、声音、文字等可数字化的信息进行编码。汉信码支持加密技术,它是第一种在码制中预留加密接口的条码,它可以与各种加密算法和密码协议进行集成。汉信码具有很强的抗污损、畸变能力,可以附着在平面或桶装货物上,缺失两个定位也可进行识读。汉信码具有较强的修正错误能力,纠错能力可达到 30%;汉信码有四个纠错等级可供用户选择,分别为 8%、15%、23%、30%。汉信码容易制作且制作成本低,它可以利用现有的点阵、激光、喷墨、热敏/热转印、制卡机等打印技术,可用纸张、卡片、PVC、金属等作为打印基质材料。汉信码的条码符号形状可以变化,共有 84 个版本,最小的仅有指甲大小。汉信码外形美观,具有很好的视觉感官效果。汉信码还具有超强的汉字编码能力。

汉信码符号由 n×n 个正方形模块组成的一个正方形阵列构成,整个正方形的码图区域由信息编码区、功能图形区构成,其中功能图像区主要包括了寻像图形、寻像图形分隔区与校正图形。汉信码图符号的四周是 3 个模块宽的空白区。具体符号结构如图 2-10 所示。

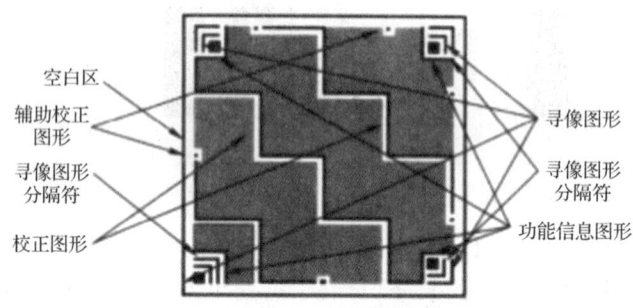

图 2-10 汉信码符号的结构

任务实施

1. 图 2-11 中有 6 个条码,判断条码打印质量是否合规,如果不合格,请说明原因。

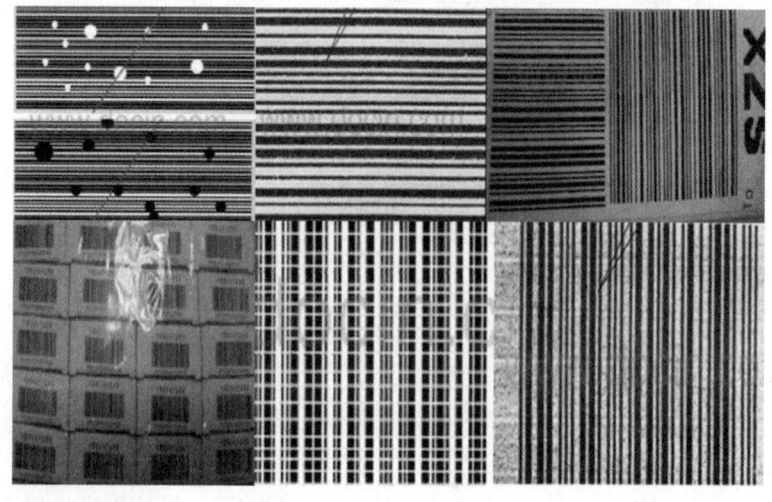

图 2-11 6 个条码

2.小明注册了天坛牌和龙虎牌的清凉油自有品牌,并向中国物品编码中心提出申请,中国物品编码中心分配给小明所在企业的厂商识别代码为6901234,请完成表2-12中商品的条码编制。

表 2-12　　　　　　　　　　商品信息

产品种类	商标	剂型、规格与包装		商品标识代码
清凉油	天坛牌	固体	棕色 3.5g/盒	
			棕色 3.5g/袋	
			棕色 19g/盒	
			白色 19g/盒	
		液体	3ml/瓶	
			8ml/瓶	
			18ml/瓶	
		吸剂(清凉油鼻舒)	1.2g/支	
	龙虎牌	黄色	3.0g/盒	
			10g/盒	
		白色	10g/盒	
			18.5g/瓶	
		棕色	10g/盒	
			18.5g/瓶	
		吸剂(清凉油鼻舒)	1.2g/支	

巩固练习

1.利用条码编制器转换成条码符号并形成标签,完成表2-12中商品的条码编制并打印。

2.利用草料网,完成给定商品的二维条码营销设计。

任务三　其他自动识别技术的利用

任务描述

许多零售企业为了吸引顾客,在收银环节引进了刷脸支付技术,其为了做好商品的防损工作,还可以引入防盗系统。小明很想在自己的社区便利店进行上述管理方面的改进,也很想对刷脸支付、防盗系统有更深入的认识和了解。

你能给小明和小明企业的员工介绍一下刷脸支付与防盗系统应用的技术手段吗?

任务分析

刷脸支付、防盗系统的实质是一种识别技术。刷脸支付属于生物识别技术，在使用的过程中要遵守法律法规的要求，做好个人信息的保护工作。商业企业的防盗系统经常会用到RFID技术，学生可通过学习RFID技术知识来了解防盗系统的工作原理。

相关知识

连接时代已经到来，如何实现万物互连，离不开RFID标签、生物识别、图像识别等自动识别技术。生产制造企业、零售企业、物流仓储企业、物流运输企业都离不开这些技术的应用。应用这些技术，一是为了提高工作效率，二是通过万物相连获取更多资源数据，为企业创造更多的价值。

一、RFID技术

RFID技术，即射频识别，又称无线射频识别，是一种通信技术，可通过无线电信号识别特定目标并读写相关数据，且无须在识别系统与特定目标之间建立机械或光学接触。RFID技术可识别高速运动物体并可同时识别多个标签，操作快捷方便。RFID系统一般由RFID标签、阅读器、天线、中间件、应用软件五部分组成，其中标签、阅读器、天线是三个基本组成部分。

标签俗称电子标签，也称应答器，是射频识别系统的数据载体，由耦合元件及芯片组成，每个标签具有唯一的电子编码，标签附着在物体上标识目标对象。标签依据工作方式的不同可分为主动（有源）式和被动（无源）式两大类；依据封装形式的不同可分为信用卡标签、线形标签、纸状标签、玻璃管标签、圆形标签及特殊用途的异形标签等。

阅读器是读取（有时还可以写入）标签信息的设备，主要包括射频模块和数字信号处理单元两部分。在物联网中，阅读器成为同时具有通信、控制、计算功能的C3核心设备，可设计为手持式或固定式。

天线是标签和阅读器间实现射频信号空间传播和建立无线通信连接的设备，RFID标签上有集成一体的标签，阅读器上有内置的天线。

1. RFID技术的工作原理

RFID技术的基本原理是电磁理论。标签进入磁场后，接收解读器发出的射频信号，其凭借感应电流所获得的能量发送出存储在芯片中的产品信息（被动标签或无源标签），或者由标签主动发送某一频率的信号（主动标签或有源标签），解读器读取信息并解码后，送至中央信息系统进行有关数据处理。

射频信号是通过调成无线电频率的电磁场，把数据从附着在物品上的标签传送出去，以自动辨识和追踪该物品。某些标签在识别时从识别器发出的电磁场中就可以得到能量，无须电池供电；也有标签本身拥有电源，并可以主动发出无线电波。标签包含了电子存储的信息，数米之内都可以识别。与条形码不同的是，射频标签不需要处在识别器视线之内，它可以嵌入被追踪物体之内。

2. RFID 的分类

RFID 按能源供给方式不同可以分为有源 RFID、无源 RFID 和半无源 RFID。有源 RFID 可以提供更远的读写距离，但是需要电池供电，成本较高；无源 RFID 读写距离近，但其价格较低。

RFID 依据频率的不同可以分为低频 RFID、高频 RFID、超高频 RFID 和微波 RFID。

EPC 标签是射频识别技术中应用 GS1 系统 EPC 编码的电子标签，是按照 GS1 系统的 EPC 规则进行编码，并遵循 EPCglobal 制定的 EPC 标签与阅读器的无接触空中通信规则设计的标签。EPC 标签是产品电子代码的载体，当 EPC 标签贴在物品上或内嵌在物品中时，该物品与 EPC 标签中的编号是一一对应的。

3. RFID 技术的应用

应用 RFID 技术能减少物品脱销，提高货架的利用率。补货是连锁零售企业的一个重要环节。电子标签能够对商品进行有效监控，实时掌握库存变化，及时补货，缩短库存周转期。

应用 RFID 技术能加强商品质量管理。电子标签可以实现商品的供应链管理，让零售企业实时了解商品的质量情况，保证商品的安全和卫生。

应用 RFID 技术能提高数据采集速度。机器扫码直接读取商品信息，能提高数据采集的速度，降低人工检查和录入的成本，提高准确率。

二、生物识别技术

生物识别技术是指通过计算机利用人类自身生理或行为特征进行身份认定的一种技术，如指纹识别、虹膜识别、人脸识别等。生物识别是用来识别个人的技术，其包括四个步骤：第一步是获取原始数据，建立个人特征档案，将其存储在一个卡片或数据库中；第二步是抽取特征，利用自动技术测量某些人的人体特征；第三步是将这些特征与档案资料中的相同特征进行比较和匹配；第四步是根据匹配或不匹配做出人们身份的判别结果输出。这一技术适用于所有需要进行安全性防范的场合和领域。

1. 语音识别技术

语音识别系统本质上是一种模式识别系统，由特征提取、模式匹配、模型库等三个基本单元组成。语音识别系统主要有以下 3 类：①特定人语音识别系统，这种语音识别系统仅考虑对专人的语音进行识别。②非特定人语音识别系统，这种识别系统识别的语音与人无关，语音数据库需要根据语音识别系统中人们的语音输入进行学习，不断改进，实现更好的人机交流。③多人识别系统，这种识别系统能识别一组人的语音，或者称为特定组语音识别系统，该系统仅要求对要识别的那组人的语音进行训练。

语音识别技术可应用于办公室或商务系统中，如数据表格的填写；可应用于制造业，如利用声音进行产品的质量控制；可应用于电信行业，如语音呼叫分配、语音拨号、分类订货等；还可应用于物流领域，成为一种国际先进的物流拣选技术。

语音物流拣选技术的工作步骤主要有三步：首先操作员根据语音提示去对应巷道和货位，到达指定货位后根据系统提示读出校验号以确认到达指定货位；其次作业系统根据收到校验码确定拣选员到达了正确的货位,向拣选员播报需要拣取的商品及商品数量;最后,拣选员从货位上取下规定数量商品,同时反馈给系统一个完成拣选的语音,此项拣选任务即算完成。

语音识别技术给企业带来了工作效率的提高、订单差错率的降低、劳动强度的减小、培训时间与费用的节约,进而降低了企业的运营成本,这些都是给企业带来的直接回报;同时通过这些优势的体现,大大提高了客户满意度及员工的企业归属感与认同感。

2. 指纹识别技术

指纹识别技术是把 A 同 B 的指纹对应起来,通过比较 B 的指纹和预先保存的指纹进行比较,就可以验证 B 的真实身份。

每个人皮肤纹路并不是连续的、平滑笔直的,这些纹路经常出现中断、分叉、转折。指纹在图案、断点和交叉点上也是各不相同的,且是唯一的,依靠这种唯一性和稳定性的"特征点",人们创造了指纹识别技术。

指纹识别技术主要包括读取指纹图像、提取特征、保存数据和比对等 4 个功能。指纹读取设备读取指纹图像,经过初步处理使之更清晰,后存入指纹辨识软件并建立指纹特征数据。手指上通常有 70 个节点,产生大约 490 个数据,这些数据称为模板。使用指纹识别技术时,需要读取设备读取 A 的指纹图像,然后提取特征形成模板与原存模板比对,计算相似程度,最终得出两个指纹的匹配结果,从而实现验证真实身份的目的。

指纹识别技术在刑侦、社保、户籍等方面有着广泛的应用,在金融业也越来越关注利用指纹验证身份的必要性和安全性,如与零售业相关的指纹识别的支付认证,在保留原有密码认证的基础上增加了指纹认证,这既能兼容原有系统,又提供了高安全级别的生物认证方式。

3. 虹膜识别技术

虹膜是人眼睛构成部分,位于黑色瞳孔和白色虹膜之间的圆环状部分,是眼球中瞳孔周围的深色部分。人发育到 8 个月,虹膜基本发育完,进入相对稳定期,正常情况下,虹膜特征可以保持数十年不变。虹膜既是外部可见的,又属于内部组织,位于角膜后面,要人为改变虹膜外观具有相当大的难度。虹膜的高度独特性、稳定性和不可更改特性,使虹膜识别技术成为身份鉴别的最可靠生物识别技术之一。

同指纹识别技术、语音识别技术相似,虹膜识别技术是通过比对虹膜图像特征的相似性来确定人们身份,虹膜识别技术的工作步骤可分为以下四步:

第一,虹膜图像获取。使用特定的摄像器材对人的整个眼部进行拍摄,并将拍摄到的图像传输给虹膜识别系统的图像预处理软件。

第二,图像预处理。对获取的虹膜图像进行一定的处理,使其满足提取虹膜特征的需求。具体处理包含:①虹膜定位。确定内圆、外圆、二次曲线在图像中的位置,其中内圆为虹膜与瞳孔的边界,外圆为虹膜与巩膜的边界,二次曲线为虹膜与上下眼皮的边界。②虹膜图像归一化。将图像中虹膜大小调整到识别系统设置的固定尺寸。③图像增强。针对归一化后的图像,进行亮度、对比度、平滑度等处理,提高图像中虹膜信息的识别率。

第三,特征提取。采用特定的算法从虹膜图像中提取虹膜识别所需的特征点,并对其进行编码。

第四,特征匹配。将特征提取得到的特征编码与数据库中的虹膜图像特征编码逐一匹配,判断是否为相同虹膜,从而达到身份识别的目的。

4. 人脸识别技术

人脸识别技术也称面部识别技术,是基于人的面部特征信息进行身份识别的一种生物识别技术。

人脸识别对识别者不具侵犯性,更加直接、友好,使用者无任何心理障碍等。移动终端的发展与普及极大地拓展了人脸识别技术的使用空间。另外,人脸识别可以对被识别者进行隐蔽操作,在视频监控领域有着重要的应用价值。人的面部识别所涉及的器官多、面积又大,且人脸特征稳定性较差(如表情、姿态的多变、化妆等因素),这使该识别技术可靠性、安全性较低。

人脸识别系统主要有四个部分组成:人脸图像采集及检测、人脸图像预处理、人脸图像特征提取以及匹配与识别。

随着生物特征识别研究的不断发展,视网膜识别、掌纹识别、心率识别、DNA 识别、步态识别等生物识别技术正逐步走进我们的生活。

【练习2.4】 生物识别技术已经在生活中得到了广泛的应用,通过对以上生物识别技术的学习,你认为哪种生物识别技术在使用时的可靠性最低?

三、图像识别技术

图像识别技术是指利用计算机对图像进行处理、分析和理解,以识别各种不同模式的目标和对象的技术。图像识别技术能根据观测到的图像,分辨其中物体的类别,做出有意义的判断。图像识别是利用现代信息处理与计算技术来模拟和完成人类的认识、理解的过程。图像识别技术的过程分以下几步:信息的获取、预处理、特征抽取和选择、分类器设计和分类决策,具体与前面的虹膜识别技术、指纹识别技术、人脸识别技术相似,这里不再陈述。

1. 图像识别技术的发展

图像识别技术的发展经历了三个阶段:文字识别、数字图像处理与识别、物体识别。生物识别技术中的虹膜、指纹识别技术、人脸识别技术实质是图像识别技术。

文字识别的研究是从 1950 年开始的,一般用于识别字母、数字和符号,并且从印刷文字识别到手写文字识别领域应用也非常广泛。

数字图像处理和识别的研究始于 1965 年。数字图像与模拟图像相比具有可存储、传输方便可压缩、传输过程中不易失真、处理方便等巨大优势,这些都为图像识别技术的发展提供了强大的动力。

物体识别主要指的是对三维世界的客体及环境的感知和认识,属于高级的计算机视觉范畴。它是以数字图像处理与识别为基础的结合人工智能、系统学等学科的研究方向,其研究成果被广泛应用在各种工业及探测机器人上。

2. 图像识别技术的应用

图像识别技术在公共安全、生物、工业、农业、交通、医疗、商业等很多领域都有应用。2014 年,阿里的拍立淘上线。拍立淘只需要用户随手拍一张照片,就可以找到所需要的商品,省去了烦琐的文字描述,简化了用户的购物流程,大大提升了电商购物的体验。

2019年12月23日,微信扫物 iOS 版本正式上线。微信的扫一扫识物的落地场景主要涵盖三大部分:①科普知识。用户通过扫描物体,可以获得微信生态中关于该物体相关的百科、资讯等小常识或者趣闻,帮助用户更好地了解该物体。②购物场景。同款搜索功能支持用户对于见到的喜爱商品立即检索到微信小程序电商中的同款商品,支持用户扫即购。③广告场景。扫一扫识物可以辅助公众号文章、视频更好地理解里面嵌入的图片信息,从而更有效地投放匹配的广告,提升点击率。

2019年,百度识图推出"动态多目标识别"搜索方式并应用于百度App,这是一项基于移动端实时感知和云端视觉搜索的类人眼视觉AI技术。通过这项技术,用户可以更快捷地用手机识别出多种物体,并且随着摄像头的移动,百度App也会在实时追踪已识别的物品同时,识别新进入画面中的物品。此项技术让百度识图荣获了极客公园"前沿探索力奖"。极客公园评价:"这项技术能为用户实现所见即所得的浏览体验,进而革新了移动交互体验,告别只能识别出一种物品的情况,让手机朝着'像人眼一样看懂世界'又走近了一步。"

人们一切的线上行为都能被计算机捕捉、数字化,成为被应用方作为商品优化的主要依据。而线下的数字化不是那么容易,图像识别技术是线下数字化的一个重要技术,它能使人们生活实现智能成为可能。人脸识别技术、跨镜追踪技术能实现用户行为分析,商品识别技术能实现货架排面分析、自动结算,这些技术成为解决线下数字化的一个核心技术点。

任务实施

刷脸支付属于生物识别技术中的哪一种?你认为其未来的发展空间如何。
利用RFID技术的防盗系统,从硬件上看应该包含哪几部分?

巩固练习

调研一家企业数据收集与录入所采用的技术。

强化训练

一、不定项选择题
1. 以下不属于常见代码的是(　　)。
A. 数字型代码　　　B. 字母型代码　　　C. 符号型代码　　　D. 混合型代码
2. 在编制代码的过程中要遵循以下原则(　　)。
A. 唯一性原则　　　B. 稳定性原则　　　C. 有序性原则　　　D. 可扩充性原则
E. 统一性和协调性原则

3. 以下不会影响条码质量的有（　　）。
A. 空白区宽度不足和污染　　　　　　B. 符号反差不合规
C. 脱墨　　　　　　　　　　　　　　D. 放大系数适中

4. 以下不属于矩阵式二维条码的有（　　）。
A. Code One　　B. PDF417　　C. Maxi Code　　D. QR Code

5. 汉信码符号的整个正方形的码图区域由（　　）构成。
A. 信息编码区　　B. 寻像图形　　C. 寻像图形分隔区　　D. 功能图形区
E. 校正图形

6. RFID 依据频率的不同可分为（　　）。
A. 低频　　　　B. 高频　　　　C. 超高频　　　　D. 微波

7. RFID 技术应用的优点是（　　）。
A. 减少物品脱销，提高货架的利用率　　B. 提高数据采集速度
C. 加强商品质量管理　　　　　　　　　D. 以上都是

8. 图像识别的发展经历了三个阶段，第一阶段是（　　）。
A. 文字识别　　　　　　　　　　　　　B. 数字图像处理与识别
C. 物体识别　　　　　　　　　　　　　D. 数字识别

9. 生物识别技术中的虹膜、指纹识别技术、人脸识别技术实质是（　　）。
A. 文字识别技术　　B. 图像识别技术　　C. 物体识别技术　　D. 人脸识别技术

10. 图像识别技术在（　　）等很多领域都有应用。
A. 公共安全　　　　B. 交通　　　　C. 商业　　　　D. 以上都有

二、填空题
1. 在企业资源进行数字化转化的过程中一般会组合用到（　　）和（　　）两种分类方法。
2. 常见二维条码有（　　）和（　　）。
3. RFID 一般由（　　）、（　　）、（　　）、中间件、（　　）五部分组成。
4. 射频识别（RFID）技术的基本原理是（　　）。
5. RFID 标签依据工作方式的不同可分为（　　）和（　　）两大类。

三、判断题
1. 面分类法的缺点是组配结构复杂，不能充分利用容量，因此，一般把线分类法作为面分类法的补充。（　　）
2. 条码是指由一组规则排列的条、空组成的符号，可供机器识读，用以表示一定的信息，其包括一维条码和二维条码。（　　）
3. 汉信码由日本 DENSO 公司自主研发，是具有自主知识产权的一种二维条码。（　　）
4. RFID 一般由 RFID 标签、阅读器、天线、中间件、应用软件五部分组成。其中标签、天线、应用软件是三个基本组成部分。（　　）
5. 人脸识别技术也称面部识别技术，是基于人的面部特征信息进行身份识别的一种生物识别技术。（　　）

学习单元三

连锁企业数据分析与挖掘

目标体系 ▶▶▶

知识目标	能力目标
了解商业智能的基础理论； 掌握商业智能的流程； 了解数理统计基础知识； 掌握常用的商业分析方法与模型； 掌握各类商业分析指标	初步具备商业智能流程操作能力； 初步具备各类数据分析计算能力； 初步具备商业分析指标应用的能力

知识体系 ▶▶▶

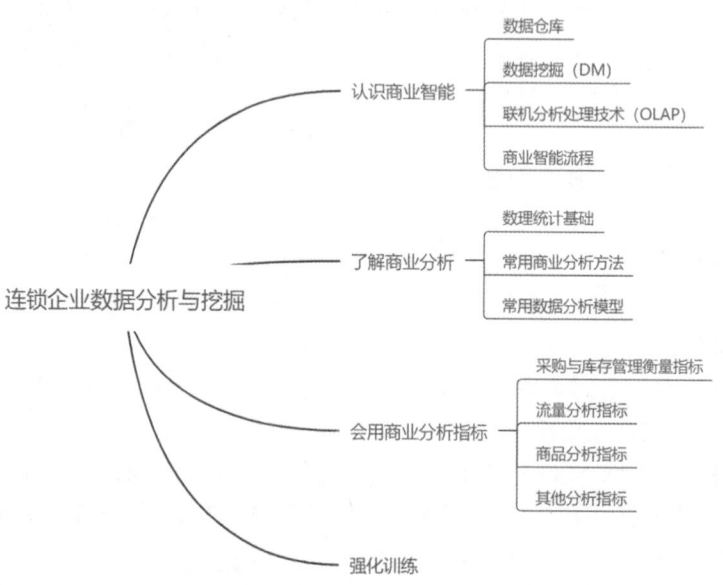

任务一　认识商业智能

任务描述

企业的信息部要求其他部门员工资源数据分类编码要做好,数据录入要准确。风控部门要求其他部门员工业务操作要规范,但员工总是不放在心上。于是小明想让信息部对员工进行培训,把商业智能的技术原理用通俗易懂的语言讲给其他部门员工听,让企业员工能够意识到员工操作管理信息系统的行为的重要性。

假如你是主讲人,你能列出商业智能流程和支撑技术吗?

任务分析

对于非 IT 专业的高职新商科学生来说,商业智能很神秘、很复杂,商业智能也确实涉及很多 IT 知识。高职新商科的学生从技术的角度去了解商业智能,了解各种管理信息系统的商业智能的流程化思维,进而意识到在使用管理信息系统的过程中,数据搜集与录入的准确性、业务操作的规范性对商业智能与商业分析有着至关重要的影响。

相关知识

商业智能的本质是提取收集到的数据,进行智能化的分析,揭示企业运营状况,帮助管理层做出更为明智的决策。从技术的角度看商业智能,其包含的技术有数据仓库(DW)、联机处理技术(OLAP)、数据挖掘(DM)。从方法、技术和软件的总和看商业智能,其包含了四个层面:管理信息系统层面、数据分析层面、知识发现层面、战略层面。

一、数据仓库

连锁企业管理信息系统对数据的采集与使用离不开"数据仓库"。1997 年 W. H. Inmon 在其著作《建立数据仓库》一书中这样定义数据仓库:数据仓库是面向主题的、集成的、非易失的和随时间变化的数据集合,它用以支持决策经营管理中的决策制定过程。数据仓库按功能可分为数据来源层、数据准备层(ETL 层)、数据存储层(仓库层)、数据分析层(应用层)。

1. 数据来源层

数据源是数据仓库系统的基础,是整个系统的数据源泉。数据来源主要有业务数据、历史数据、办公数据、Wed 数据、外部数据和元数据,外部信息包括各类法规、市场信息和竞争对手的信息。数据来源层是管理信息系统数据的入口,是做好数据质量管理的第一步,作为数据搜集录入的相关工作人员,必须处理好这一层的质量问题,避免出现"垃圾进、垃圾出"的现象。

2. 数据准备层

通过数据来源层进入管理信息系统的数据在进入数据仓库之前,要执行抽取、转换、加载等一系列的 ETL 操作,以保证数据质量,将转换、加工后的数据加载到目标库是 ETL 操作的最后一步。

数据转换就是对数据格式进行转换,统一格式。大多数的数据仓库都设计了专门的关键数据转换程序。常用的转换组件有字段映射、数据过滤、数据清洁、数据替换、数据计算、数据验证、数据加解密、数据合并、数据拆分等。

数据清洗就是清除掉数据中的空值、噪音等缺陷。对于空值的清洗可以采用人工填补的方式,对于噪声数据可以用分箱或聚类等方法处理。数据应用的领域不同,采用清洗的方法和工具也不一样。

3. 数据存储层

数据存储层主要存储三部分数据:数据仓库中的元数据,经过 ETL 处理后的数据,针对不同数据挖掘和分析主题生成的数据集市。经过 ETL 处理后的数据是按主题进行组织和存放的业务数据。

数据仓库有两种具体可实施的方案:数据集市和集中式数据仓库。数据集市规模小、面向特定的应用、面向部门/工作组,容易使用,可以作为一个单独技术使用,也可以作为数据仓库的子集使用,从本质上讲,数据集市就是一个小型的数据仓库。集中式数据仓库在面向不同领域时会采用不同的框架结构,能够支撑企业内各部门的决策需求。

根据使用者对数据集市要求的不同,有独立型数据集市和从属型数据集市,从属型数据集市更能提高系统的使用性能。

4. 数据分析层

数据分析层主要面向的是管理信息系统的一般用户,能够满足用户的查询需求,并以适当的方式向用户展示查询、分析的结果。前端工具主要包括各种报表工具、查询工具、数据分析工具、数据挖掘工具以及各种基于数据仓库和数据集市的应用开发工具。其中数据分析工具主要针对服务器,报表工具、数据挖掘工具主要针对数据仓库。常用的数据分析工具主要有地理信息系统(GIS)、查询统计工具、多维数据的 OLAP 分析工具和数据挖掘工具等。地理信息系统可以帮助企业找到潜在客户居住区域,帮助企业完成门店选址;数据挖掘工具和统计工具可以帮助企业找出隐藏着大数据背后的商业规律,帮助企业决策;多维的 OLAP 分析工具能够让用户以便捷的手段完成复杂的数据查询工作,并能以形象化的图形、图像、表格等方式给出决策分析的结果。

二、数据挖掘(DM)

数据挖掘是为了在大量数据中发现有用的令人感兴趣的信息。数据挖掘可以按照问题定义、数据准备与处理、数据挖掘、结果解释和评估这样的步骤进行。

问题的定义需要数据挖掘人员与专家、用户紧密协作,明确知识发现的要求、可用的学习算法。数据准备与处理分为数据选取、数据预处理和数据变换三个子步骤,用户通过这三个子步骤对数据进行优化,利于后期的数据挖掘。数据挖掘就是通过分类、聚类、关联等规则,对问题的定义明确的任务进行挖掘,获取知识。结果的解释和评估就是对数据挖掘得到的知识进行分析评估解释。

数据挖掘常用的发现工具与方法主要有聚类分析、关联分析、分类分析、序列分析、异常分析、演变分析、特异群组分析等。下面仅对几种发现工具与方法做一下介绍。

聚类分析就是从数据集中找出相似的数据并组成不同的组。聚类分析能够自动对数据进行分类,可以处理各种分步形式,并生成有用的聚合值组。

关联分析就是寻找数据间的关联关系或者一些数据与其他数据的派生关系就是可以选定关联数据中的某一类为预测目标,给其他类赋值。

分类分析是基于预言模型变量的离散。分类算法在数据挖掘中广泛使用的方法有决策树、神经网络、径向基础函数等。

序列是一个排好序的非空集合,序列分析就是对这个序列信息进行分析。序列分析中最常见的就是时间序列分析,时间序列分析就是数据中的序列信息和时间相关的序列分析。序列分析和时间序列分析能够检测数据、信息、知识随时间的变化情况。

【练习3.1】 数据挖掘常用的发现工具与方法有哪些?

数据挖掘为企业提供了数学模型,连锁企业可以借助于数据挖掘得到的数据模型在实践中进行验证。

三、联机分析处理技术(OLAP)

OLAP是针对某个特定主题进行联机数据访问、处理和分析,通过直观的方式,从多个维度、多种数据综合程度将系统的运营情况展现给使用者。在数据仓库环境下进行的OLAP服务管理经常会涉及聚合、分区、钻取、角色等基本术语。

聚合就是对数据进行高层次的综合,如对三个月的销售额进行聚合相加得到季度的销售额。分区就是把多维数据集分成几个部分,分别存在不同数据存储区,每一个分区又是一个聚合。多维数据根据某一目的进行分区,也可以将互斥的两个分区合并,当然这种合并需要遵循一定的准则。钻取就是将数据从较高的维层次下降到较低的维层次上来观察多维数据,钻取不支持表达式所得的单元格。钻取选项是进行分区时为分区设置的筛选条件,通过筛选条件来对数据进行更精确的分区。角色就是对组织的不同工作人员设定相应的角色权限,方便工作的同时保证了数据安全,也不会建立多余的数据仓库。

虚拟多维数据集是一个通过现有单一或多重多维数据集来组成的一个新的多维数据集的逻辑定义结构,如多维数据集"销售情况"中包含了销售日期、销售数量、销售产品、客户编号、产品成本、产品折扣等信息,销售经理若只想看销售量和销售日期,就可以在"销售情况"这个多维数据集上创建虚拟多维数据集,使之仅包含销售量和销售日期的维度、度量值,这个虚拟多维数据仓库只是个数据视图,不可进行新操作。

四、商业智能流程

在一段时间内,商业智能与数据仓库是伴生的,数据仓库是商业智能的基石,也是商业智能流程的一部分。数据仓库的不同功能支撑了商业智能流程中的搜集原始数据、

ETL 流程、存储数据、检索与分析等环节。

1. 搜集原始数据

商业智能的搜集原始数据相对于数据来源层,还包含了数据采集的含义。

数据采集就是借助于搜集技术实现对企业内、外部数据的搜集与采集。数据采集可以借助的搜集技术有自动识别技术、手工识别技术,可以借助的工具有传统的数据采集常用工具、互联网或其他工具、网络爬虫。

企业特别是互联网企业在运营的过程中会产生大量的业务流水量,针对这些数据可采用的方法主要有管理信息系统自带的搜索和查询工具、数据库管理系统、Windows 系统自带的记事本或 Linux 系统中的 Vi 编辑器。对于管理信息系统能产生的系统配置信息或者是脚本文件、系统帮助文档等,可使用 Windows 系统自带的记事本或 Linux 系统中的 Vi 编辑器打开。这些都属于传统的数据采集常用工具。

利用互联网的搜索引擎技术可以实现数据的获取;利用问卷星、第三方调研机构通过市场调研的方式可以获得数据,在法律允许的范围内,可以通过购买的形式获得数据。

网络爬虫是大数据采集常用工具,主要用于采集网络数据,它作为搜索引擎的基础构件之一,是搜索引擎的数据来源。网络爬虫的性能直接决定了系统的及时更新程度和内容的丰富程度,直接影响着整个搜索引擎的搜索广度与深度。

2. ETL 流程

ETL 流程就是数据的提取、转换、加载,从原始数据中提取数据,将其标准化、格式化,再加载备用。ETL 流程出现在数据仓库中,但并不局限于数据仓库,它更是商业智能流程中重要的一环。

3. 存储数据

商业智能是基于数据仓库的技术,依托数据仓库技术实现企业各种类型数据的存储。

4. 检索与分析

商业智能的检索与分析包含了电子表单、联机分析处理立体方、数据挖掘、报表工具,可实现量身定制、标签分类,与数据仓库相比,其更方便员工通过调取数据仓库内的数据解决本企业经营问题,如利润成本问题、资产问题、营销问题、投资组合问题等。

【练习 3.2】 商业智能包含的技术有哪些?

任务实施

列出商业智能流程和支撑技术。

巩固练习

扫描二维码,学习相关知识,完成悦岚 DEEP 平台中的电商大数据应用案例实验操作。

任务二　了解商业分析

任务描述

"爆款""长尾款""长尾词",这些网络热词背后隐藏着什么理论依据?小明很想知道这些词都是从哪里来的。小明也想在自己社区便利店的商品配置上进行管理改进,但不知道是做每个品类的"爆款"还是做全品类的"必有一款适合你"的配置。

你知道"爆款""长尾款""长尾词"是从哪里来的吗?如果你是小明,你打算如何进行商品的配置?

任务分析

每一种现象的背后都会隐藏着理论依据。"爆款""长尾款""长尾词"都是依据一定的经济学理论,经商业分析得到的商业网络热词。作为高职新商科专业的学生,应了解一些与商业分析有关的方法和模型,做到"知其所以然"。

相关知识

商业分析是指运用现代信息与计算机技术,对企业数据进行整合、分析,预测未来趋势和状态,制订企业解决方案,最终形成报表的一系列技术、方法和分析工具。商业分析曾经是商业智能的一部分,现在,商业分析是比商业智能更前沿的技术,是商业智能的升级版。

商业分析与商业智能相比,离大数据的分析与挖掘更近,商业分析也和大数据技术一样,借助于数理统计、数据库、人工智能中的大量技术,以类似人类思维智能网络、语义网络、复杂算法完成了各种分析,按照一定的步骤实现数据、信息、知识、决策、应用实践的逐级转化。通过数据分析与挖掘,企业得到了知识发现用以支持企业管理决策,决策在应用实践中得到检验,得到成功和失败两种反馈。

一、数理统计基础

传统的商业分析是采用基于统计学的一些数量分析方法,如预测分析、线性规划、网络分析、概率论、决策树分析、统计指数等,现代的商务分析方法除包含传统的商业分析法,还运用了数据仓库技术、联机分析处理技术、数据挖掘技术、大数据技术。数理统计知识是商业数据分析的基础。

1. 预测性分析

连锁企业需要对未来制订计划,这就需要连锁企业运用定量、定性、定时、定比、评价等分析方法进行预测性分析。

定性分析是依靠人的经验、判断能力、直观材料确定事物发展性质和趋势的一种方法，如头脑风暴法、德尔菲法、主观概率法、实验预测法、相关树法等。

定量分析是根据已经掌握的大量数据、信息，运用统计和数学的方法进行数量计算和图解，以此来推断事物发展趋势及其程度的一种方法。此种方法一般可用函数形式表示：$y=f(x)$。

定时分析是对预测对象随时间变化情况进行分析。通过对预测对象随时间变化情况的分析，预测未来事物的发展进程，可用函数形式表示：$y=f(t)$。常见的时间序列预测法有滑动平均法、指数滑动平均法、周期变动平均法、线性趋势分析法、非线性趋势分析法等。

定比分析是用定比方法来研究和选择事物未来发展的结构关系。如流量趋势分析中用到了环比和同比分析、流量优化分析中用到了转化率分析。

评价分析是考量预测结果的准确程度。对预测目标进行定性、定量、定时、定比等分析预测之后，还必须对预测结果进行评价，借以判断预测结果的准确程度。

(1) 回归分析是确定两种或两种以上变数间相互依赖的定量关系的一种统计分析方法。分为一元回归分析和多元回归分析。任何一个商业数据都可以成为 X 和 Y 的值，并且都会形成一个回归方程，可能是线性回归，也可能是多元回归。使用者需要借助于自己的知识判断回归方程是否有意义。

(2) 时间序列分析是指某一指标在不同时间上的不同数值，按时间顺序形成一种变量数列，它是一种动态数据处理统计方法，如销售额按月份、季度、年度的统计。运用时间序列进行分析时，会从趋势、周期、季节性、无规则变化四个方面进行。无规则变化属于一种数据偏离现象。

(3) 方差分析用于检测两个及两个以上样本均数差别的显著性检验，是从观测变量的方差入手，研究诸多控制变量中哪些变量是对观测变量有显著影响的变量。

2. 线性规划

线性规划是一种解决问题的方法。在管理人员面临约束性的资源时，要将利润最大化或将成本最小化，此时管理人员可以确定一个约束条件的变化是如何影响最优选择的。

3. 概率论

商业分析的知识应用要么成功要么失败，风险总是存在的。概率论对于风险管理非常有用。如果事件的结果存在不确定性，期望值就可以为最优方案的选择提供合理的方式。如果能获得历史数据，那么概率对于确定可能的结果就非常有用；如果没有历史数据可以依赖，概率论所使用的数据可能是主观的估计，再者，市场是变化的，历史数据不含有变化因素，所以此时的结果未必有用。

【练习3.3】 现代的商务分析方法有哪些？涉及哪些数理统计知识？

二、常用商业分析方法

商业分析的方法很多，本部分主要介绍以下5种商业分析方法。

1. CVA 管理法

CVA 管理法考虑的不是物的量与价值，而是物或活动的关键部件和节点，所以又称为关键因素分析法。

CVA 管理法的基本思想是把存货按照关键性分为 3～5 类。

最高优先级。此类存货不允许缺货，是经营的关键性物资。

较高优先级。此类存货允许偶尔缺货，是经营的基础物资。

中等优先级。此类存货允许合理范围内的缺货，是经营的较重要物资。

较低优先级。此类货物允许缺货，是经营的可替代性较高的物资。

CVA 管理法可以与 ABC 分类法结合使用，对库存进行有效的管理和控制。

2. 供应商管理库存（VMI）

供应商管理库存是指按照双方达成的协议，由供应链的上游企业根据下游企业的物料需求计划、销售信息和库存量，主动对下游企业的库存进行管理和控制的库存管理方式。该模式是从快速反应（QR）和有效客户反应（ECR）基础上发展而来的，其核心思想是供应商通过共享用户企业的当前库存和实际耗用数据，按照实际的消耗模型、消耗趋势和补货策略进行有实际根据的补货。

供应商管理库存模式一般适合规模比较大的工商企业，大型的工商企业信息化、数字化程度高，能够借助于企业的信息化相关技术实现数据的实时交换，在紧急情况下能实现越库自动补货，可以合理地安排供应商的送货作业。

3. 长尾理论

互联网出现后，电子商务发展迅猛；智能手机出现后，移动商务出现并快速发展，原有的 ABC 分类的经济模型无法适应"新经济"，美国知名的新经济杂志《连线》的主编克里斯·安德森提出了关于"新经济"理论的经济模型构想。

在传统的规模经济中，品种越少、数量越多，成本越低；在互联网的"新经济"中，2％的极少数商品也会有消费者关注，会出现"生产者就是消费者"的"产销合一"现象，如果企业生产销售的 2％商品的品种很多，也会聚来很多的消费者，实现成本的降低。

在企业运营管理中运用长尾理论时，要明确以下几点：

第一，使用长尾理论时，电子商务企业统计的是销量，而不是利润，成本是最关键的因素。电子商务企业可以按需生产，理论上完全可以做到零库存，同时，电子商务的网站流量、维护费用远远低于销售点/门店，所以电子商务可以极大地扩大销售品种，通过品种的无限扩张，实现运营成本的降低，这样即使一个品种只卖出 1 件，也会带来可观的销量。

第二，为了让长尾理论更有效，电子商务企业应关注并创造小额消费者，增大"尾部市场"。淘宝是典型的注重增大"尾部市场"的电子商务企业，它通过汇集众多的中小微企业，将这些零散的流量汇集成大蛋糕，创造了巨大的商业价值。为了增大"尾部市场"，电子商务企业应该尽可能地提供所有商品，使客户的选择面更广；尽可能方便用户找到他们所需要的商品，把消费者视为每一个都是有不同需要和个性的人；尽可能地降低交易价格，通过公平的定价、便捷的服务、稳定的质量实现商品的竞争。

第三，关注销量与成本的关系。电子商务企业要利用长尾理论创造商业价值，必须关注成本与销量的关系，成本不能随销量的增加而增加，最差也要保证同比增长。在成本是定值的情况下,品种的扩张会带来销量的增长,实现电子商务企业的盈利。

4. RFM 模型分析法

RFM 模型分析法是用于客户关系管理中客户分析的一种分析方法,根据客户活跃程度和交易金额的贡献进行客户价值的衡量。

R(Recency)也叫近度,是客户最近一次交易时间的间隔。R 值越大,表示客户交易发生的日期越久,反之则表示客户交易发生的日期越近。

F(Frequency)也叫频度,是客户在最近一段时间内交易的次数。F 值越大,表示客户交易越频繁,反之则表示客户交易不够活跃。

M(Monetary)也叫额度,是客户在最近一段时间内交易的金额。M 值越大,表示客户价值越高,反之则表示客户价值越低。

RFM 模型分析法需要借助于数据分析与挖掘的相关工具,还需要 RFM 分析、聚类分析、因子分析、对应分析等分析方法的介入,呈现出可视化图像支撑企业客户管理相关决策。

5. 网络分析

网络分析是关于网络的图论分析、最优化分析及动力学分析的总称。网络分析一般包括:快速查找和排除网络故障;找到网络瓶颈、提升网络性能;发现和解决各种网络异常危机,提高安全性;管理资源,统计和记录每个节点的流浪和带宽,规范网络,查看各种应用、服务、逐级的连接,监视网络活动;分析各种网络协议,管理网络应用质量。

网络分析对一个项目任务和规划进行图论分析时称为项目网络,此时网络分析也称项目管理,即将网络分析的理念移植到企业运营管理中,运用关键路径法开展项目管理。

三、常用数据分析模型

常用的分析方法很多都以模型的形式应用在商业数据的分析与挖掘中,本部分主要介绍常见的 ABC 分类法分析模型、定量订货法分析模型、定期订货法分析模型。

1. ABC 分类法

ABC 分类法又称为重点管理法,最早由美国通用公司在库存管理中采用,是库存控制的基本方法之一,也是管理控制原理中最常用的方法。

ABC 分类法的依据是帕累托法则。该方法是根据意大利经济学家维弗雷多·帕雷托曲线所揭示的"关键的少数和次要的多数"的规律在管理中加以应用的。根据帕累托法则,20%的活动/产品/商品/存货产生 80%的价值。帕累托法则被广泛地应用在质量管理、存货管理、销售管理、人力资源管理当中。

运用 ABC 分类法进行资源管理时,需要知道资源的数量和资源的价值,通过计算获得总价值、总数量、总价值百分比、价值累计百分比、总数量累计百分比。将数据按顺序分别列入相应的列中,具体操作如下:

第一列:资源名称或资源序号;

第二列:资源数量;

自学:
掌握商品陈列法则,打造理想购物空间

第三列:资源单价;

第四列:资源总价;

将所有资源按总价值降序排列,如果总价值相等,按单个价值降序排列;

第五列:资源占总价值百分比;

第六列:该资源价值累计百分比;

第七列:资源数量占总数量累计百分比;

第八列:分类结果。

通过价值累计百分比和数量累计百分比的数值确定 ABC 类资源。

2. 定量订货法

定量订货法是指预先确定一个订货点和订货批量,当库存下降到订货点时,按规定进行订货补充的一种库存控制方法。定量订货法的模型如图 3-1 所示。

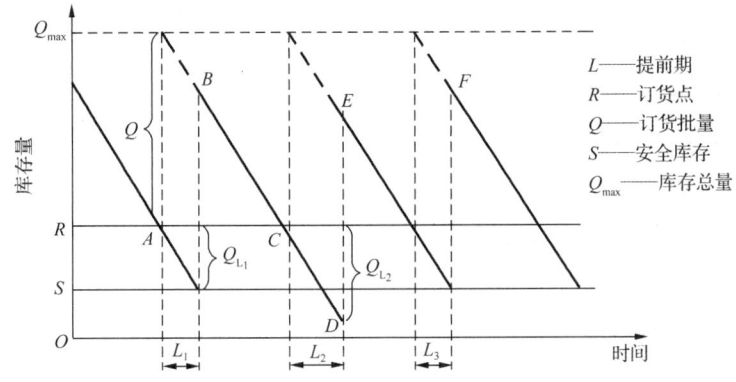

图 3-1　定量订货法模型

图 3-1 中的安全库存是指考虑了临时用量增加或交期延误等特殊原因而预计的保险储备量。

采用该种方法必须预先确定订货点和订货量。

(1)当订货点的确定主要取决于需求率和订货交货周期两个因素时,在需求固定、均匀和订货交货周期不变的情况下,订货点的计算公式如下:

$$订货点 = 平均交货周期 \times \frac{全年需求量}{365} + 安全库存量$$

(2)当订货点的确定主要取决于需求率和订货、到货间隔时间两个因素时,在需求固定、均匀,订货和到货间隔时间不变的情况下,不需要设置安全库存,订货点的计算公式如下:

$$订货点 = 平均交货周期 \times \frac{全年需求量}{365}$$

(3)订货批量 Q 通常依据经济批量 Q^* 的方法来确定,即总库存成本最小时的每次订货数量,在需求率已知、连续、交货期已知和固定、不发生缺货的条件下,可采用经济订货批量模型。经济订货批量 Q^* 的计算公式如下:

$$Q^* = \sqrt{\frac{2CD}{H}} = \sqrt{\frac{2CD}{PF}}$$

式中　　D——年需求总量

　　　　P——单位物品的购入成本

　　　　C——每次订货成本

　　　　H——单位物品年储存成本（$H=PF$，F 为年仓储保管费用率）

零售企业在运营过程中，无法完全避免缺货现象的发生。因此在确定其经济订货批量时，需要考虑订货成本、保管成本、缺货成本。即

$$TC=DP+\frac{D}{Q}C+\frac{Q}{2}H$$

式中　　TC——年总成本

　　　　D——年需求总量

　　　　P——单位物品的购入成本

　　　　C——每次订货成本

　　　　H——单位物品年储存成本（$H=PF$，F 为年仓储保管费用率）

　　　　Q——批量或订货量

　　　　$\frac{Q}{2}$——年平均库存量

3. 定期订货法

定期订货法是指根据预先确定的订货间隔期按期订购物品，以补充库存的一种库存控制方法。

每隔一个订货周期，根据现有库存情况，发出订货，每次订货的量要能使订货后的名义库存量达到最高库存。

最高库存是指存货在仓库中应存储的最大数量，高于此数量就有可能造成存货积压。最高库存量的确定应该以满足订货间隔期和订货提前期的需求量为依据，也就是说，最高库存量等于订货间隔期和订货提前期的总需求量。

自学：
商品主导运营
——谈卖场商品配置

订货周期决定了订货时机，也就是定期订货法的订货点。订货周期就是订货间隔期，定期订货法的订货间隔期是一样的。订货间隔期的长短直接决定了最高库存量的多少，进而决定了仓库库存管理水平的高低。最高库存量过高，会提高库存保管费用；最高库存量过低，订货间隔期短，订货批次多，会提高订货费用。企业一般会采用经济订货周期作为定期订货法的订货周期。订货周期也可以根据具体情况进行调整。

定期订货法没有固定的订货批量，每个订货周期订货量等于该周期的最高库存量与实际库存量的差值。实际库存量是指检查库存时仓库所实际具有的能够用于销售供应的全部物品的数量。订货量计算公式如下：

订货量＝最高库存量－现有库存量－订货未到量＋顾客延迟购买量

【练习3.4】　你还知道哪些商业分析方法与模型？

掌握以上商业分析方法与模型，需要系统的学习，商科专业高职学生要能够做到以下几方面：数据源收集、录入、整理；通过理论与实践的提升，能看懂数据分析趋势；依据学生自身的特点，创新数字分析思维。

任务实施

说说"爆款""长尾款""长尾词"的理论依据是什么。说说你对社区便利店商品配置的看法。

巩固练习

对表 3-1 中的商品/货物进行 ABC 分类,提出 ABC 商品/货物的管理意见。你打算从哪类商品中打造爆款和长尾款?

表 3-1　　　　　　　　　　商品/货物集合

单品	数量	价值	单品	数量	价值
A	33	1055	F	80	90
B	106	80	G	260	11
C	190	23	H	41	630
D	98	120	I	40	710
E	410	9	J	40	200

任务三　运用商业分析指标

任务描述

小明的社区便利店的百事可乐每月销售额为 9.5 万元,月初不含税库存为 3.5 万元,月末不含税库存为 2 万元,请计算该门店百事可乐的库存周转天数。

小明的配送中心月初库存金额为 560 万元,月末库存金额为 480 万元,月销售成本金额为 320 万元,它的周转天数是多少?周转率是多少?年周转次数是多少?半年周转次数是多少?

任务分析

库存周转天数、周转率、周转次数都属于采购与库存管理的衡量指标,通过这些分析指标可以看出采购、库存管理的水平,明确未来的运营管理方向。连锁企业通过内外部横向、纵向比对商业分析指标,可以在一定程度上揭示企业未来的运营走势。作为高职新商科的学生应该了解一些商业分析指标,能看懂商业分析指标,创新思维,运用商业分析指标开展运营管理。

相关知识

数是表示事物的量的基本数学概念,如总数、众数、中位数、基数、平均数等。率是指两个相关数在一定条件下的比值。常见的率有比率、转化率、频率、概率等,它们与不同的商科课程结合,形成了各种商务数据指标,用于管理衡量与决策。

一、采购与库存管理衡量指标

库存管理的衡量指标为平均库存值、可供应时间和库存周转率。成功的库存管理是满足客户需求的最小存货量风险,也就是说,必须从满足客户需求的角度来考虑库存管理的好坏。因此可供应时间、库存周转率这两个指标更为重要。

1. 平均库存值

平均库存值一般指某一时期库存平均占用的资金比例。一般来说,制造业大约是25%,而批发、零售业有可能占到75%。管理人员可以根据历史数据或同行业的平均水平,从纵横两方面评价自己企业的这一指标是高还是低。

2. 可供应时间

可供应时间即平均库存值除以相应时间段内单位时间(每月、每周等)的需求值,指现有库存能够满足多长时间的需求;也可以分别用某种物品的平均库存量除以相应时间段内单位时间的需求量来得到。

3. 库存周转率

库存的时间越长,库存周转次数越少,对企业越不利。库存周转率考核的目的是从财务的角度预测整个公司的现金流,从而考核整个公司的需求与供应链运作水平。

库存周转率是库存金额占年度销售额的比例。如一个小微企业的年销售额是50万元,库存金额是5万元,则该小微企业的库存周转率为(5÷50)×100%=10%。库存周转率可转化为次数或天数。转换成次数就是库存周转率的倒数,称为库存周转次数;转换成天数就是用一年天数(365)除以库存周转次数,称为库存周转天数或库存天数。

通常,库存周转率越小,库存周转次数越多,库存周转天数越短,对企业来说就越好。提高库存周转率对于加快资金周转、提高资金利用率和变现能力具有积极的作用。连锁企业可以参照同行业企业或本企业的历史数据设置合理的库存周转率,设置企业存货的合理库存。

二、流量分析指标

电子商务中的流量与门店的客流量具有相同的意义。描述流量的指标很多,包含了流量多少、流量结构、流量优劣、流量趋势等。

1. 流量多少

访客数、独立访客数、页面浏览量、重复访问者数量、页面浏览数、每个访问者的页面浏览数等指标均属于描述流量多少的指标。

访客数一般是以 IP 访问为统计单位,一个 IP 地址不论其浏览网站或店铺几次,访客数都定义为 1;在访客数概念的基础上,单位时间内的访问人数定义为独立访客数(UV);重复访问的人数总和定义为重复访问者数量;网站或店铺所有页面被浏览的次数总和称为页面浏览量(PV);每个访问者的页面浏览数是一个平均数,指在一定时间内全部页面浏览数与所有访问者相除得到的商,也就是平均一个用户浏览网页数量。

对于电子商务企业,这些描述流量多少的指标值越大,就代表该企业的网络营销在引流上做得越成功。电子商务企业对这些指标要进行纵向趋势分析、横向对比分析,衡量企业流量管理水平;对指标及指标间的关联进行分析,明确企业网页及网站的"黏性"和管理应对;同时还要配合流量转化分析,分析高的流量是否带来了高的转化,如果没有高的转化率,要分析流量结构与流量优劣,及时做出管理应对。

2. 流量结构

流量来源结构、流量业务结构、流量地区结构等指标均属于流量结构指标。

流量来源是指用户进入网站的路径。下面拿淘宝网站举例,淘宝网站本身自带的流量称为站内流量,有付费流量、免费流量、自主访问三大块,网店可以通过开展相关的业务活动和工作并借助于平台内的站内搜索、直通车、智钻、淘宝客、达人、聚划算、淘金币、天天特价等搜索和推广活动获取站内流量。从淘宝网站以外的其他途径获取的流量称为站外流量,如百度、抖音、微博、搜狐等不同途径均可进入网站。电子商务企业通过流量来源分析,可以了解不同来源的流量给企业带来多大的收益,方便以后对推广渠道进行合理的布局。

电子商务企业经常通过以下四种途径获取流量:

(1)站内搜索是指通过网站的搜索引擎搜索本网站的内容,主要是在搜索引擎上输入关键词、语音、图像等形式进行商品搜索,属于免费流量。站内搜索是淘宝网站平台上的网店获取流量的重要来源。

(2)付费推广是指借助于网站内部的付费推广方式,将网店的商品或促销互动推送到网站的首页。网站内的付费推广包括直通车、智钻、淘宝客、达人等。直通车一般是特定类目下网店爆款常用的推广方式;智钻是网店广泛获取流量的推广方式;淘宝客、达人就是网店支付佣金,由这些专门人员为网店提供推广服务。

(3)营销活动也是网站网店获取流量的一种途径。网店满足网站活动参与条件,就可以通过网站的活动入口申请参与,申请通过后,可在活动区域获得展示机会,提高买家浏览的概率。淘宝网站的营销活动常见的有聚划算、淘金币、天天特价等,符合参加条件的网店就有机会获得参与活动带来的免费流量。

(4)站外流量也可以给网店带来流量。网店可以通过付费的形式,委托一些站外平台、专门引流的组织和个人进行营销策划、商品推广,在站外平台积累的流量可以通过点击、扫码等形式跳转到网店的商品页面。网店也可以借助于新媒体技术,运营自媒体,如贴吧、论坛、微博、微信、抖音等自营销手段实现商品推广并获取流量。网店也可以通过在付费站外平台投放广告等形式为网店带来流量。

(5)会员营销是网店获得优质流量的一种途径。以上所有途径获得的流量都需要网店依靠优质的管理和服务将其留住,留住后才有可能产生持续的购买行为。网店成功管理客户关系,实现普通流量向优质会员流量的转化,将会带来较高的流量转化率,提高销售量。

流量地区结构是指店铺流量来源的地域分布。通过对地域分布的分析,网店可以了解不同地域用户的需求,完善营销推广策略,实现精准营销,提高店铺流量转化率;网店可以了解商品的目的地,结合目的地,明确发货地、整合包裹,节约成本,提高效率,创造更高的客户满意度,促进重复购买率;网店可以了解产品热销地域,为直通车推广地域做好数据支撑。

网店在流量结构的布局上要保证合理健康,应以免费流量为主,其他流量为辅。不同的网店经营的产品结构、产品品种不同,其流量结构的布局就会不一样,但有一点是相同的,那就是长尾理论的应用,以成本增加带来销量增长,对网店这种新经济体的发展是不利的。

3. 流量优劣

退出率、跳出率、访问深度等属于描述流量优劣的指标。

退出率是指从该页面离开网站的次数和网页总浏览次数的比值,退出就是指用户访问完该网页后离开网站,该网页是用户在网站上浏览的最后一页,但未必是第一页。跳出率是指访问一个页面后离开平台的次数和总访问次数的比值,跳出就是指用户访问网站,待网站页面展开后,用户浏览了该页面就离开了网站,该网页是用户浏览的第一页,也是最后一页。访问深度是指用户在一次浏览某网站的过程中所访问的页面数。

一般情况,如果用户在结算页、购物车等关键节点出现了高退出率、高跳出率,则说明网店运营管理存在一定的问题,需要网店分析高退出率、高跳出率的原因。但也有个例出现,如果用户跳出之后进入了第三方支付页面,用户退出时已经看到了网店对该流程设计的最后一页,此时高退出率与高跳出率就是正常的。访问深度值越高往往会带来更高的转化率,但也可能是用户没有找到心仪的目标,或者可能是用户在加入购物车或提交订单后跳出,此时高访问深度是无效的。

转化是指潜在用户在网站上完成网店期望的行为,完成一次就记为 1 个转化次数。转化次数占总访客数的比值就是对应的转化率,常用到的转化率指标有收藏转化率、购物车转化率、支付转化率。电子商务企业进行的一系列的运营操作,都是为了能将流量转化为销量。

4. 流量趋势

趋势分析有助于网店判断业务开展取得的效果,有助于网店明确如何开展相关业务。在网店的流量管理中也需要借助于趋势分析,对业务进行分析评价,找到流量背后的影响因素,完善下一次业务活动,使流量管理更精准。

流量趋势分析可以从时间维度出发进行纵向、横向的对比研究。通过纵向的对比分析,可以发现网店流量环比变化情况;通过横向的对比研究,可以发现网店流量的同比变化情况;网店通过这些数据的变化显示,一要分析原因,二要做出决策判断,三要做出决策行动。

【练习3.5】 流量对于连锁企业的电商尤为重要,你能想到哪些增加流量、改善流量的做法?

思政园地

让流量时代的阅读更有深度

2020-06-16 来源：人民日报 作者：张涛甫

最近，"复旦旧书店"在网上走红。"宝藏""最美书店"……网友不吝溢美之词，探店爱好者纷纷慕名前往。其实，这家书店已驻扎存续将近20年时间，复旦师生广为知晓。它与复旦大学另一知识地标"鹿鸣书店"一样，成为校园文化景观的一部分。互联网大潮中，这样的实体书店散发着独特魅力。

身处流量时代，知识和资讯仿若湍急河流。有的人难以自控，不由自主地随波逐流，被眼花缭乱的信息推着走，迷失于虚拟场景。长时间接触网络，让一些人习惯于追逐信息片段或思想边角料，导致注意力碎片化。走马观花式的网上阅读，少有思维的深潜。在这样的过程中，读者的感觉似乎很丰盈，但实质上多是视觉层面的愉悦，停留于浏览或浅阅读。长此以往，无益于深度思考能力的培养。

追逐流量效应的人，注定行之不远。的确，互联网提供了前所未有的可能性、可及性，创设了目力驰骋的出口和自由选择的路口，但最终的选择权和控制权在人们自己手上。网络纵有千般好，也不能因此放任思想惰性。面对纷乱的信息流，绝不能一味"下沉"，窝在思维的"舒适区"，拒绝深度、躲避思考，追逐简易、刺激、戏剧化、图像化的内容，甚至把阅读目标全盘托付给"知识带货商"。在流量化的内容产品面前，必须有所思考，有所选择。保持理性与定力，抵制低俗、拒绝庸俗，才能成为清醒的阅读者，做阅读真正的主人。

流量时代，究竟该怎样成就更好的阅读？一方面，离不开读者的坚守；另一方面，也要建构良好的阅读环境。因此，尽管时代在快速发展，网络阅读越来越普及、便利，我们的城乡社区依然需要一批优质的实体书店。实体书店的存在，仿佛一盏盏明亮的路灯，可以照亮人们的精神文化世界，并在一定程度上改变一些人阅读模式化现象。

近年来，在多方努力下，实体书店迎来新的发展机遇，但也存在一些隐忧。如今，书店单一的卖书模式难以为继，实体书店只能错位竞争、强化体验功能，通过拓展业务单元、增强附属功能，寻找市场支点。但如果千篇一律地复制类似模式，过度放大书店的延伸功能，也容易偏离开办书店的初心。归根结底，还是要依托内容上的优质经营，让读者体验以书为中心。否则，过度开发读者的在场体验，可能会导致审美疲劳，甚至本末倒置。

流量时代，我们还应思考：面对过载的信息，如何做出选择？什么才是阅读的正确打开方式？这既需要让传统书店在互联网场景中有存在感，也应当让流量化知识有价值依归和精神向度。"复旦旧书店"引发关注，彰显了互联网连接的力量。因此，不妨给予实体书店更多的网络能见度。与此同时，加强规范和引导，提升网络流量知识的品质。前不久，有网络平台与文化机构合作，联合启动"都来读书"全民阅读计划，借力智能推荐、智能搜索等技术，为大众化阅读提供精准导航，就不失为一种有益尝试。

让传统阅读更有时代感，让流量阅读更有深度，在二者之间达致某种平衡。这不仅关乎智慧，更关乎价值。

资料来源：学习强国

三、商品分析指标

商品分析，离不开对商品销售的分析。通过商品销售分析，网店可以得出商品类目与商品销售的布局是否合理。对商品分析，首先要对商品销售进行分析，然后借助于商品销售分析指标进行商品分析。商品分析主要可以从商品类目分析和商品销售分析两个维度进行。

（一）商品类目分析

划分商品类目是支撑大数据分析，明确市场定位，方便消费者查找选购，最终让企业在竞争中胜出，获取利润。

网站利用规范的商品类目实现更高效的管理，网店需要按照网站的商品类目划分规则对经营的商品进行归类。

1. 选品与定位分析

网店创业之初要明确市场定位，做好商品类目的选择工作。利用生意参谋中市场行情下的行业大盘、行业直播、行业洞察等工具对相关指标进行分析，可以辅助网店完成选品与定位分析。

网站、网店的商品类目是有层级的，网店要利用行业大盘对一级类目、二级类目、三级类目的相关指标进行分析。具体指标包括：访客数、收藏人数、加购人数、卖家数、搜索点击率、供需比率、收藏率、加购率；子类目支付金额较父类占比、子类目支付金额较上一周期增长率、卖家占比；收藏次数、加购次数、浏览量、客单价、支付件数、被浏览卖家数、被支付卖家数、搜索点击次数、搜索点击人数。

通过分析同一个商品或者同一家网店的商品在不同类目下的以上指标表现出来的差异性，进而选出有利的类目作为以后经营的品类。

在对以上指标进行分析时，也可以从时间维度进行实时数据分析、趋势分析、周期数据分析。实时数据分析一般以周为单位，能够反映营销推广策略的效果，及时调整营销策略；趋势分析一般以月为单位，反映了整个行业市场的变化趋势，网店可以根据趋势分析进行产品布局和推广时间节点的确定；周期数据分析一般以年为单位，反映了整个行业市场的变化周期以及整个行业的上升还是下降的变化趋势。

2. 关键词分析

关键词组成了商品标题。不同的网站对商品标题有不同的规则要求。网店要利用关键词分析做好分类标志的选择，完成归类和分类的工作。

关键词根据在标题中的作用不同，可分为核心词和其他关键词。核心词实质就是商品品种名，其他关键词实质就是该商品的其他基本属性。这些属性包含了社会属性和自然属性，自然属性是对商品体的属性描述，社会属性是对商品有形附加部分和无形附加部分的属性描述。这些关键词在电子商务相关学科中表述为属性关键词、促销关键词、品牌关键词、评价关键词。网店利用核心词与其他关键词组合商品标题，要在数据分析的基础上创新思维，实现引流，获取免费流量。

为了做好关键词的优化，可以从以下两个方面对关键词进行分析：

(1)行业热词榜分析指标。进行行业热词榜分析,首先要设定商品类目、时间跨度、设备终端三个维度,然后从热门搜索词、热门长尾词、热门核心词、热门品牌词、热门修饰词五个方面进行指标分析。淘宝网站生意参谋提供了六个指标:①搜索人气,统计时段内,根据搜索人数拟合出的指数类指标,指数越高,表示搜索人数越多。②相关搜索词数,统计时段内,根据用户的搜索词包含的目标词性分词的搜索次数。③词点击率,统计时段内,根据用户的搜索词,分词后词性匹配出的相关目标词搜索词的点击率累加,包含目标词的相关搜索词数。④点击人气,在统计时段内,根据搜索点击人数拟合出的指数类指标。点击人气越高,表示搜索点击人数越多。⑤词均支付转化率,统计时段内,根据用户的搜索词,分词后根据词性匹配出的相关目标词搜索词的引导支付转化率累加,包含目标词的相关搜索词数。⑥直通车参考价,是指所选关键词当前的直通车参考点击单价。

(2)搜索词查询的分析指标。进行搜索词查询分析,首先要设定时间跨度和设备终端两个维度;其次输入要查询的关键词进行查询,结果展示搜索词详情、相关搜索词、关联品牌词、关联修饰词和关联热词等五个方面;最后结合指标进行分析。搜索词详情和相关搜索词是最重要的指标。搜索词详情包括当前搜索词的搜索趋势、类目构成指标、相关搜索词的分析指标。当前搜索词的搜索趋势指标主要有搜索人气、搜索热度、点击人气、点击热度、点击率、商城点击占比、交易指数、支付转化率等。当前搜索词的类目构成分析指标包括点击人气、点击人数占比、点击热度、点击次数占比和点击率。当前搜索词的相关搜索词的分析指标主要有搜索人气、搜索人数占比、搜索热度、点击率、商城点击占比、在线商品数、直通车参考价、点击人气、点击热度、交易指数、支付转化率等。

(二)商品销售分析

网店商品销售分析包含了订单分析和交易分析两大块,和门店/销售点的销售指标具有相同的意义。

1.订单分析

订单分析通常包括但不仅限于订单量分析、品类分析、商品偏好分析、客单价分析、区域分析、动销率分析。

订单量分析是对订单数量进行分析,在网店运营管理中,对订单量进行分析主要有分仓分析和分时段分析两个维度。有些网店在不同的地理位置布局多个仓库,根据订单地理位置、订单量进行分仓,如此一来,分仓所决定的库存分配就成为非常重要的问题。不同时段会产生不同数量的订单,网店通过分时段分析,会发现订单异动受促销、消费者行为习惯和生活习惯等影响。

品类分析对库存准备、发货准备、物流方式、销售规划、利润计划等方面都具有非常重要的意义。网店经常把商品分为爆款和长尾款,爆款就是利用帕累托理论分析得到的给网店带来80%销量的20%商品品类,长尾款就是利用长尾理论分析得到了2%的销量因品种多带来的高总销量的80%商品品类。品类分析,可以以单品(SKU)为颗粒度进行分析,分析单位时间内销售的数量,明确哪些商品更受消费者喜爱;分析单位时间内的销售金额,明确哪些商品对企业销售金额的贡献更大。

商品偏好分析是指消费者购买商品时会对商品的价值结构进行评估,根据自己所认为的重要价值因素进行评估，选择消费者认为的性价比高的商品。如果消费者对某一个或某一类商品的偏好属性在某一品牌上得到高于市场其他同个或同类商品的认证，消费者对该商品或该品类的偏好会转移到这个品牌上。商品偏好分析是一个复杂的过程，首先要寻找消费者的偏好，并以此为变量；然后依次调整其中一个变量，分析结果，得出消费者偏好在该变量的利润、销售量、销售额最大化的变量值。

客单价分析是对单个顾客的单个订单的金额进行分析。一般情况下客单价越高，意味着利润越高。对客单价的分析可关注指标平均客单价、最高客单价、最低客单价。最高客单价与平均客单价进行对比分析，如果最高客单价过高，高于平均客单价就属于个例，对企业运营分析没有意义，如果最高客单价与平均客单价相近，企业应思考如何提高平均客单价；最低客单价与平均客单价对比，如果最低客单价远远低于平均客单价，也没有分析的意义，如果接近平均客单价，则需要找出客单价低的关键点，避免客单价持续降低。

区域分析能让网店对该区域的消费能力有明确的认识，有助于网店进行精准运营管理。为做好区域分析，网店首先要按照一定的角度做好市场区域的划分，其次要做好销售数据的收集，最后从区域、消费金额、消费数量、消费单价等维度进行分析，做出消费水平的判断。

动销率是指实际销售的数量与准备的库存之间的比例。通过动销率分析，可以明确哪些商品超卖，哪些商品低卖。超卖商品有可能在未来一段时间都会有好的销售表现，低卖商品有可能会进入衰退期，如果有库存，需要及时清理。

2. 交易分析

交易分析涉及的指标很多，如支付金额、支付率、支付渠道。交易分析还涉及"价格－销量－销售额"之间的关系分析。

对支付金额分析包括对单个顾客的订单支付金额的客单价分析以及对某个品类或某个单品的支付金额的分析，通过对这些支付金额的对比分析、趋势分析、关联分析，进行网店的客户管理、品类优化管理、爆款与长尾款管理、价格管理和成本管理。可见，支付金额的分析还包含了"价格－销量－销售额"三者间的关系分析。

支付率是指支付金额与加购物车金额的比值。从加购物车到支付，中间还有去购物车结算、核对订单信息、提交订单、选择支付方式这些行为，在加购物车之前还存在页面浏览、选购商品两个行为，每次行为的转化都存在一定流失，所以，对支付率指标的分析，不仅局限于这个单一指标，更要关注交易相关的各个环节的转化率，找到低转化的原因，进行运营优化改进。

支付渠道一般是指支付宝、财付通、银联、微信等。不同的电子商务平台的企业支付渠道是不同的，网店的支付渠道选择范围就是电子商务平台企业选择使用的支付渠道。消费者的年龄结构、地域结构、性别不同，购买的商品类型不同，选择的支付渠道也就不同。通过对支付渠道的分析，网店可以明确各个支付渠道的占比，进而明确网店支付渠道的选择。

四、其他分析指标

商业运作要关注消费者和商品，连锁企业通过消费者分析，改进、完善、创新商品和服务,实现连锁企业的正常运营与增速发展。商业分析指标的核心是流量指标和商品指标,流量指标与商品指标不是分割的,需要连锁企业通过运营管理活动实现二者的强关联。各种运营活动的优劣评价又演化出一些评价子指标,通过对这些子指标的分析,改进、优化管理,做出未来发展的预测与决策。下面介绍营销活动分析指标和客户服务分析指标。

1. 营销活动分析指标

销售点/门店、网店、平台企业都会利用各种营销活动,吸引客流、促进销售、提高销售额与利润。对营销活动的评估分析影响着连锁企业的生存与发展。一场营销活动是否会带来流量指标的向好改变是营销活动分析的要点。

每一次营销活动采用的促销方式和手段是多种多样的,不同的促销手段和方式带来的流量是不一样的。需要对营销活动带来的总流量进行分解分析,了解各种促销方式和手段带来的流量多少、流量结构、流量优劣、流量趋势,通过拉新分析、流量转化分析、流量留存分析等评价营销活动、促销方式和手段的效果优劣,不断改善销售点/门店、网店、平台企业的营销活动策划与实施。

2. 客户服务分析指标

客户服务贯穿企业整个运营,从决定上新品时的商品描述、到撮合交易过程中的卖家服务、再到交易达成后的物流服务、买家评价处理、买家投诉处理、买家退货处理等,这些都属于客服服务的内容。

客户服务的好与坏最终体现为网店信誉评分。在淘宝网站上,网店信誉评分包含描述、服务、物流三个项目,每一项目评分满分是 5 分。分值越高,越会获得访客的关注。网店要通过各种客户服务的方法和手段的运用,提高各个项目的分值。

任务实施

利用以下公式完成任务描述中的计算。
(1)库存周转天数＝365×存货平均成本/销售成本
(2)库存周转天数＝365×(期初余额＋期末余额)/(2×销售成本)
(3)库存周转率＝(库存金额/年度销售额)×100％
(4)库存周转次数＝1/库存周转率
(5)库存周转天数＝365/库存周转次数

巩固练习

1.结合其他课程知识,利用网络知识,分析任务描述中的商品库存管理有无需要改进的地方。

2.表 3-2、表 3-3 是来源于两个网店生意参谋中的运营数据,通过对比,你发现了什么?说说你对这两个网店运营管理的分析。

表 3-2　　　　　　　　　　　　A 网店运营数据

支付金额（元）		访客数		支付转化率		客单价（元）		成功退款全额（元）		直通车消耗（元）		钻石展位消耗（元）	
10.89 万		7.06 万		5.59%		27.58		2880		1391		0	
较前一月	28.24%	较前一月	34.28%	较前一月	40.61%	较前一月	10.03%	较前一月	18.56%	较前一月	34.19%	较前一月	0.00%
较去年同期	127.45%	较去年同期	240.96%	较去年同期	29.37%	较去年同期	5.56%	较去年同期	151.85%	较去年同期	23.54%	较去年同期	0.00%

表 3-3　　　　　　　　　　　　B 网店运营数据

支付金额（元）		访客数		支付转化率		客单价（元）		成功退款全额（元）		直通车消耗（元）		钻石展位消耗（元）	
30.46 万		7.31 万		13.37%		31.17		6793		1.58 万		0	
较前一月	191.79%	较前一月	131.68%	较前一月	23.42%	较前一月	2.05%	较前一月	147.94%	较前一月	315.56%	较前一月	0.00%
较去年同期	28.41%	较去年同期	44.64%	较去年同期	41.44%	较去年同期	8.58%	较去年同期	26.04%	较去年同期	1227.12%	较去年同期	0.00%

3. 某网店要上一款鱼油商品，请你结合表 3-4 中的关键字/词转化数据进行分析，为鱼油明确一个标题。

表 3-4　　　　　　　　　　　　鱼油关键词转化数据

关键词	流量/人	收藏量/次	加购量/次	订单量/个	收藏转化率/%	加购转化率/%	支付转化率/%
保健	4424	1071	127	2281	24.21	2.87	51.56
健康	4241	841	117	2132	19.83	2.76	50.27
鱼油	3271	802	68	2134	24.52	2.08	65.24
三高	11263	814	2329	1537	7.23	20.68	13.65
高血压	14934	1042	3338	1763	6.98	22.35	11.81
高血糖	3742	804	90	2258	21.49	2.41	60.34
高血脂	4032	401	1324	650	9.95	32.84	16.12
降三高	4267	425	1463	896	9.96	34.29	21.00
通血管	1352	311	42	626	23.00	3.11	46.30
心脑血管	1046	170	31	564	16.25	2.96	53.92

强化训练

一、不定项选择题

1. 从技术的角度看商业智能,其包含的技术有( )。
   A. 数据仓库(DW)　　　　　　　B. 联机处理技术(OLAP)
   C. 数据挖掘(DM)　　　　　　　D. 以上都是

2. 数据采集可以借助的搜集技术有( )。
   A. 自动识别技术　　　　　　　　B. 互联网
   C. 手工识别技术　　　　　　　　D. 网络爬虫

3. ( )是管理信息系统数据的入口,是做好数据质量管理的第一步。
   A. 数据来源层　　　　　　　　　B. 数据准备层(ETL 层)
   C. 数据存储层(仓库层)　　　　　D. 数据分析层(应用层)

4. 常用商业分析方法有( )。
   A. CVA 管理法　　　　　　　　　B. 供应商管理库存(VMI)
   C. 长尾理论　　　　　　　　　　D. RFM 分析法
   E. 网络分析

5. 供应商管理库存模式适合( )的工商企业。
   A. 小型　　　B. 中型　　　C. 大型　　　D 以上都是

6. 成功的库存管理是满足客户需求的同时最小存货量风险,( )更为重要。
   A. 平均库存值　B. 可供应时间　C. 库存周转率　D. 以上都是

7. 实时数据一般以( )为单位,能够反映营销推广策略的效果,及时调整营销策略。
   A. 日　　　　B. 周　　　　C. 月　　　　D. 年

8. 以下属于描述流量优劣的指标的是( )。
   A. 退出率　　B. 跳出率　　C. 转化率　　D. 访问深度

9. 商品进行类目划分的目的是( )。
   A. 支撑大数据分析　　　　　　　B. 明确市场定位
   C. 方便消费者查找选购　　　　　D. 以上都是

10. 根据关键词在标题中的作用不同分为核心词和( )。
    A. 属性关键词　B. 促销关键词　C. 品牌关键词　D. 其他关键词

二、填空题

1. 数据仓库呈现的不同功能支撑了商业智能流程中的搜集原始数据、( )、( )、( )等环节。

2. 常用数据分析模型有( )、( )、( )。

3. ( )是指存货在仓库中应存储的最大数量,高于此数量就有可能造成存货积压。

4. 流量来源结构、( )、( )等指标属于流量结构指标。

5.网店信誉评分包含（　　）、（　　）、（　　）三个项目。

三、判断题

1.分类分析就是从数据集中找出相似的数据并组成不同的组。　　　　（　　）

2.CVA 管理法可以与 ABC 分类法结合使用,对库存进行有效的管理和控制。（　　）

3.在企业运营管理中运用长尾理论时,要明确电子商务企业统计的是销量,而不是利润,成本是最关键的因素。　　　　　　　　　　　　　　　　　　　　（　　）

4.访客数、独立访客数、页面浏览时间、重复访问者数量、页面浏览数、每个访问者的页面浏览数等指标都属于描述流量多少的指标。　　　　　　　　　（　　）

5.从百度、抖音、微博、搜狐等不同途径进入淘宝网站而获取的流量称为站外流量。
　　　　　　　　　　　　　　　　　　　　　　　　　　　　　　（　　）

学习单元四

连锁企业信息管理基础

目标体系 ▶▶▶

知识目标	能力目标
了解管理的职能、管理者技能； 掌握组织结构设计、流程管理； 掌握企业资源的界定、企业资源的分类体系； 掌握管理信息系统产品架构； 了解管理信息系统的体系架构； 了解中台相关知识	初步具备流程图的绘制能力； 初步具备梳理企业资源流向能力； 能在人机交互界面进行不同体系架构应用软件的查找与登录； 具备管理信息系统前端展示界面内模块功能认识与识别的能力

知识体系 ▶▶▶

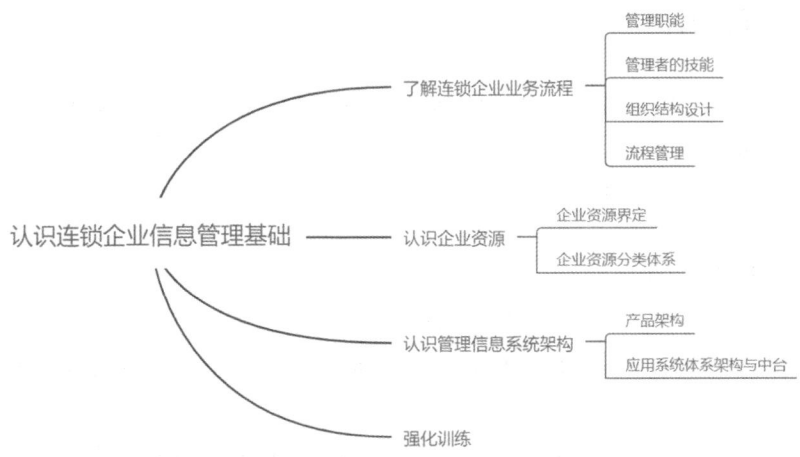

任务一　了解连锁企业业务流程

任务描述

小明的社区便利店已经发展成区域连锁,随着企业规模的壮大,小明发现企业管理出现了一些问题。

李铭是小明企业的一名采购员,负责采购坚果品类,还负责采购坚果品质的检验,在管理信息系统中具有采购申请、采购审核、采购入库的权限。

王丽是小明企业的仓管员,负责入库检验、采购入库、在库盘点、在库检验、出库检验、出库,在管理信息系统中具有入库、盘点、报损报溢、出库的权限。

李铭采购了一批坚果,并支取了采购费用,之后离职,在年中盘点时,王丽发现有坚果入库单,但却没有坚果货物。可是李铭已经不知去向。

你能帮助小明发现企业管理的问题吗?

任务分析

管理信息系统与企业业务流程不一致,导致了管理"两层皮"。小明要么按管理信息系统重新梳理企业业务流程,要么按企业业务流程重新升级管理信息系统。要想做好企业业务流程梳理,需要具备管理学的相关知识。

相关知识

管理信息系统的使用者是人,所以它是管理者思想构建的一个计算机软件,管理信息系统的应用方便了企业对人财物的管理,使大量数据转变为更有价值的信息,管理者合理利用这些信息,能做出恰当的管理决策。

一、管理职能

管理是人类的一种广泛的社会活动,是合理配置社会资源、协调生产要素、改革生产方式、提高生产效率的一种高级劳动,这种劳动是为了实现已确定的目标而不断进行计划、组织、协调、指挥和控制的动态过程。社会越进步,管理工作就越重要。

管理的四大基本职能有计划、组织、领导、控制。①计划职能是指管理者为实现组织目标对工作所进行的筹划活动。②组织职能是指管理者为实现组织目标而建立与协调组织结构的工作过程。③领导职能是指管理者指挥,激励下级,以有效实现组织目标的行为。④控制职能是指管理者为保证实际工作与目标一致而进行的活动。在管理实践中,计划、组织、领导和控制职能一般是顺序履行的,即先要执行计划职能,然后是组织,领导职能,最后是控制职能。但另一方面,上述顺序不是绝对的,在实际管理中这四大职能又是相互融合、相互交叉的。

各级各类管理者的管理职能从原则上讲具有共同性,都在执行计划、组织、领导、控制四大职能,但不同层次、不同级别的管理者执行这四大职能时各有不同的侧重点和具体内容。所以,在管理信息系统里,不同岗位的员工、不同管理层级的管理者,人机交互界面会呈现不同的权限与工作内容。

二、管理者的技能

管理者在不同的岗位,为胜任各自岗位工作,应具备不同的技能。

(1)技术技能是指对某一特殊活动(特别是包含方法、过程、程序或技术的活动)的理解和熟练运用。它包括专门知识、在专业范围内的分析能力以及灵活地运用该专业的工具和技巧的能力。技术技能主要涉及"物"(过程或有形的物体)的工作。随着信息化的普及,管理者对数据的搜集、分析、挖掘与处理能力是至关重要的技术技能。

(2)人际关系技能是指一个人能够以小组成员的身份有效地工作的行政能力,并能够在自己所领导的小组中建立起合作的能力。也就是说管理者所建立的小组要具有一定的团队精神、协作精神,员工在这个小组内能够自由地无所顾忌地表达个人观点,从而有效地开展工作。管理者的人际关系技能是指管理者为完成组织目标应具备的领导、激励和沟通能力。

自学:
我是谁?
——谈店长的
角色定位

(3)系统技能是指"把企业看成一个整体的能力,包括识别一个组织中的彼此互相依赖的各种职能,组织中一部分的改变如何能影响其他各部分,并进而影响个别企业与工业、社团之间,以及与国家的政治、社会和经济力量这一总体之间的关系。"系统技能是能够总揽全局,判断重要因素并了解这些因素之间关系的能力。管理者对数据的分析、挖掘与处理需要管理者具备系统技能。

(4)分析决断技能。分析决断技能是指以有利于组织利益的种种方式解决问题的能力,特别是高层管理者不仅要发现问题,还必须具备找出某一问题切实可行的解决办法的能力。管理者还必须具备这样一种能力,即能够根据现状找出行得通的解决方法的能力。随着大数据的到来,管理者应该能够根据海量的交互数据和交易数据的分析结果,发现问题、做出经营决策。

技术技能、人际关系技能的重要性依据管理者所处的组织层次从低到高逐渐下降,而系统技能和分析决断技能则相反。对基层管理者来说,具备技术技能是最为重要的,具备良好的人际关系技能对于管理者在同下级的频繁交往中也非常有帮助。当管理者在组织中的组织层次从基层往中层、高层发展时,随着他同下级直接接触的次数和频率的减少,人际关系技能的重要性也逐渐降低。当然,这种管理技能和组织层次的联系并不是绝对的,组织规模大小等一些因素对此也会产生一定的影响。

三、组织结构设计

组织结构设计与管理信息系统架构密不可分,组织结构描述了分工、监督与合作的方法,一个企业或是根据管理信息系统重构组织机构,或是根据组织结构设计开发管理信息系统,或是二者兼有。了解一个企业的组织结构设计,有助于快速掌握该企业的管理信息系统的运行机制,熟练操作管理信息系统。

1. 组织结构的类型

组织结构是表明组织各部分排列顺序、空间位置、聚散状态、联系方式以及各要素之间相互关系的一种模式,是整个管理信息系统的"框架"。

(1)直线型组织结构是最古老、最简单的一种组织结构类型。其特点是组织系统职权从组织上层"流向"组织基层。上下级关系是直线关系,即命令与服从的关系。优点:①结构简单,命令统一;②责权明确;③联系便捷,易于适应环境变化;④管理成本低。缺点:①有违专业化分工的原则;②权力过分集中,易导致权力的滥用。

(2)职能型组织结构是采用按职能分工实行专业化的管理办法来代替直线领导,各职能部门在分管业务范围内直接指挥下属。优点:①管理工作分工较细;②由于吸收专家参与管理,可减轻上层管理者的负担。缺点:①多头领导,不利于组织的集中领导和统一指挥;②各职能机构往往不能很好配合;③过分强调专业化。

(3)直线-职能型组织结构吸收了上述两种结构的优点,设置两套系统,一套是直线指挥系统,另一套是参谋系统。优点:①直线主管人员有相应的职能机构和人员作为参谋和助手,能进行更为有效的管理;②可满足现代组织活动所需的统一指挥和实行严格责任制的要求。缺点:①部门间沟通少,需要协调的工作较多;②容易发生直线领导和职能部门之间的职权冲突;③整个组织的适应性较差,反应不灵敏。

(4)事业部制组织结构是在高层管理者之下,按地区或特征设置若干分部,实行"集中政策,分散经营"的集中领导下的分权管理。优点:①有利于高层管理者集中精力搞好全局及战略决策;②有利于发挥事业部管理的主动权。缺点:①职能机构重叠;②分权不当容易导致各分部闹独立,损伤组织整体利益;③各分部横向联系和协调较难。

【练习4.1】 组织结构类型是不是固定不变的?大中小微型企业一般会选择哪种组织结构?

_____

_____

2. 运用7W1H明确岗位职责

Who:谁从事此项工作,责任人是谁,对人员的学历及文化程度、专业知识与技能、经验以及职业化素质等资格要求。

What:雇员要完成的工作任务当中,哪些属于体力劳动的范畴、哪些属于脑力劳动的范畴。

Whom:为谁做,即顾客是谁。这里的顾客不仅指外部的客户,也可以是企业内部的员工,包括与从事该工作有直接关系的人:直接上级、下级、同事和客户等。

Why:为什么做,即工作对该岗位工作者的意义所在。

When：工作任务在什么时间完成。

Where：工作的地点、环境等。

What qualifications：从事这项工作的雇员应该具备的资质条件。

How：如何从事此项工作，即工作程序、规范以及为从事该工作所需要的权利。

3. 明确工作边界

企业过程是企业资源管理所需要的、逻辑相关的一组决策和活动。

定义企业过程可以作为识别企业管理信息系统的基础，按照企业过程所开发的管理信息系统，在企业组织结构发生变化时可以不必改变，也就是说，可以尽量使管理信息系统独立于组织结构。

定义企业过程主要涉及三类资源，分别是战略计划与管理控制、产品/服务和支持性资源。定义企业过程首先要根据企业目标分别从这三个方面来完成识别资源任务，然后进一步分析、合并、调整或删除，最后得到企业过程分解系统。

战略计划是长远计划和发展规划，管理控制是操作计划、管理计划和资源计划。

产品服务过程就是按产品服务的生命周期的各阶段识别过程，画出过程总流程图。

支持性资源过程就是按生命周期对企业的材料、资金、设备和人员进行识别的过程。

工作是一个复杂的事情，经常会使人感到没有头绪，找不到边界。为了提高工作效率，更好地理解连锁企业管理信息系统，企业员工需要思考工作的要素与边界。

工作是一个过程或几个过程交织在一起的，每个过程又包含了无数的活动，活动中涉及了人、财、物、信息、知识等资源的使用。为了在营销管理过程中有备无患，还需要部门之间、人员之间的通力合作，需要企业制定备选方案。

工作的边界是无形的、随机的，最典型的例子就是部门之间工作的交接。如果组织边界清晰，但组织职责不清晰，那么管理信息系统将没有办法建设完成，工作也将无法高效进行。

四、流程管理

流程管理与组织管理有着密不可分的关系，同时流程管理又决定着管理信息系统的架构。

1. 连锁企业产品/服务过程图类别

(1)关系图。连锁企业内外部关系主要为组织内部关系，组织外部供应商、客户与组织内部之间的关系。关系图遵循从左到右的顺序序列，即"供应商—总部—配送中心"，也称为"组织关系图"，如图4-1所示。

(2)跨职能流程图。该图显示了工作流的分界线，并且着重突出了与该工作流相关的部分。如图4-2所示。

(3)业务流程图。该图用来描述最细微的工作视图。如果企业能将工作视图界定明晰，如果企业员工能看明企业工作流程，那么员工的工作将事半功倍，管理信息系统的开发与操作使用也会相应提质提速。图4-3为业务流程图常用图形符号及代表释义。

2. 常见工作流程

不同类型的企业会有不同的工作线链、不同的边界划分，只要能适应市场，推动企业

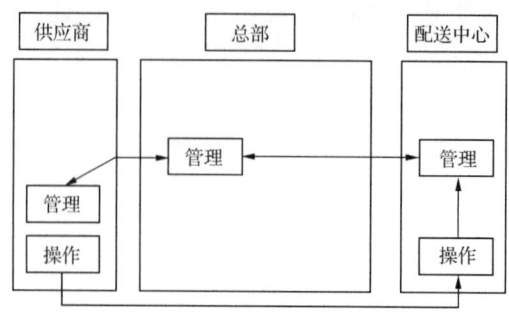

图 4-1 组织关系图

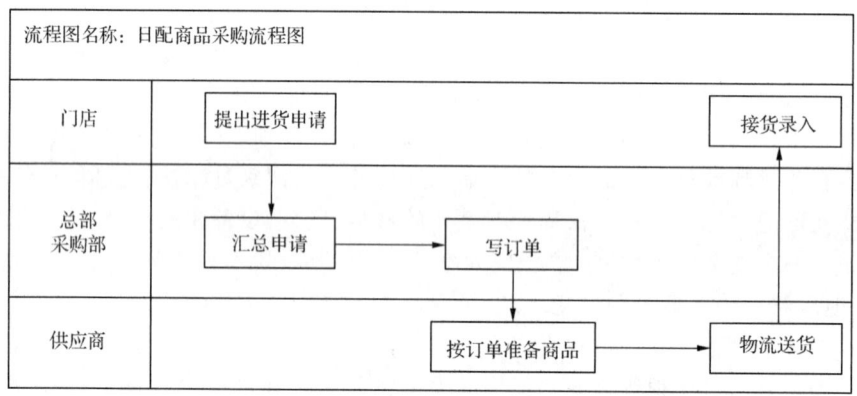

图 4-2 跨职能流程图

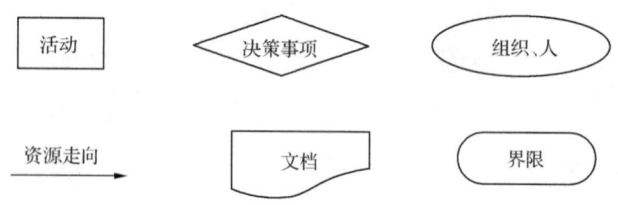

图 4-3 业务流程图常用图形符号及代表释义

发展,就是合理的。本书采用将企业流程分为业务流程和管理流程两大类的说法。

业务流程是指企业内部各部门、单位之间的业务流程和企业与上下产业链、供应商协同业务流程,是企业实现日常功能的流程。常见的业务流程有:市场与销售管理类流程,收款及账务处理结算类流程,产品开发与制造流程,物料进、销、存相关业务流程,目标与战略设计类流程,各类行政事务处理流程等。

管理流程是支持企业战略和经营顺利实施的流程。企业通过管理活动对企业的业务进行监督、控制、协调、服务,间接地为企业创造价值。企业常见的管理流程主要有人力资源管理流程、财务管理流程、生产技术管理流程、质量管理流程、行政管理流程、战略管理流程等。

工作流程从逻辑上分为四层:业务主线、业务模块、职能实现、工作步骤。

3. 边界与节点

企业的流程可能成百上千,在企业信息化之初,要有软件开发商配合,完成流程的梳理,对于企业的员工,也要结合清晰的岗位职责,明确自己在管理信息系统中的工作职责与工作权限,在更短的时间内适应企业的信息化工作。这一系列的工作完成的基础是对企业各项工作的分类分级、主次界定,将纵横交错的业务工作明确边界,梳理成线。

(1)边界。在纵横交错、千丝万缕的业务工作与管理工作中,必须明确此项工作发起于哪个部门的哪个岗位,工作才能有始有终,才能让各个岗位的工作人员有条不紊地开展工作。流通图的边界与组织结构设计的工作边界最终要实现统一,企业的管理信息系统也要与其相匹配。如销售计划的制定,开始于营销人员对历史销售数据的搜集分析、现在与未来市场的分析,结束于等待执行的最终销售计划;管理信息系统的使用,开始于输入营销人员的数据分析,中间需要输入和输出营销人员的销售计划书初稿、营销主管的审核意见、营销经理的审批意见,管理信息系统结束于输出调整后审批通过的待执行的销售计划书。

(2)节点。在流程图中,每一个动作事项都对应着某一个环节,这一环节被称为流程的"节点"。企业要对流程关键节点进行分析,找出运行效率低、运营成本高、经济效益差的原因,进行有针对性的改善和控制。

4. 流程绘制步骤

流程按其层级可划分为一级、二级、三级。一级为企业级,依照企业的主价值链和辅助价值链的结构划分,如采购、生产、销售、物流、财务等;二级为部门级,依照企业中的业务模块进行划分,如市场信息管理、订单管理、客户关系管理、仓库管理等;三级为部门内工作,依照企业业务实时的任务功能划分,如售后服务流程、客户接待流程。作为企业的基层工作人员和管理人员,需要明确二级和三级流程。在对相关工作进行流程绘制时,要从企业的经营目标出发,消除无效作业,具体可参照以下步骤进行:

第一,理顺工作过程,明确边界,明确节点、节点间相互关系;

第二,明确参与该工作过程的各个部门、各个岗位,明确对应部门、岗位的职责、权利;

第三,初步绘制流程图并公示,让所有与流程相关的人员认真研究、理解并分析流程的准确性;

第四,对流程进行精准调整,对不适当的地方进行调整和修改;

第五,进行同行业横向对比研究,找出本企业流程设计的不足之处并加以改进;

第六,流程试运行,及时收集执行过程中的反馈信息;

第七,对试运行期间收到的反馈信息进行认真的分析和研究;

第八,结合对试运行期间反馈信息的分析研究,对现有流程图进行改进并重新绘制;

第九,对经过时间和实践考验的流程图进行最终确定,由企业管理层正式公示,并将企业所有的流程图汇集成册。

任务实施

请你帮助小明完成该企业采购部、配送中心的组织结构设计,并明确岗位设置与岗位职责。

巩固练习

1. 组织结构设计：完成中小企业组织结构设计；明确岗位职责。
2. 假如你是营销经理，请你设计一个中秋节日促销方案，在方案中一定要明确工作边界。

任务二　认识企业资源

任务描述

小明的企业雇用了很多亲朋好友，孙丽因为没有学历，就在门店里当营业员，可有可无。小明很热心肠，利用门店货架展销朋友的装饰画，还将会员的信息给了开保健品店的朋友，方便朋友做保健品的推广业务。小明还在农村买了一个优质农场，朋友免费为他运营了一个快手号、抖音号。

通过以上描述，判断哪些是企业应该重视的资源。

任务分析

连锁企业的发展离不开企业资源，作为管理者，首先就要明确企业资源包含什么，其次要明确这些资源如何开发使用，最后要合理整合这些资源，让企业资源在合理合法的情况下为企业创造利润。

相关知识

对连锁企业资源进行管理的第一步是要了解和认识什么是企业资源以及管理的资源数据范围。

一、企业资源界定

（一）管理学视角界定企业资源

狭义的企业资源是指企业在向社会提供产品或服务的过程中所拥有、控制或可以利用的、能够帮助实现企业经营目标的各种生产要素的集合。

广义的企业资源是指企业可以全部或者部分利用的、能为顾客创造价值的一切要素的集合。

对比狭义的企业资源和广义的企业资源，它们的区别在于：狭义的界定是把资源和能力分开；广义的界定则是把能力也纳入资源的范畴。单纯的数据录入与存储处理，表面上看是与狭义的企业资源打交道,数据分析与决策,是与广义的企业资源打交道。然而数据分析与决策离不开数据的录入与存储,不存在单纯的数据录入与存储处理,因此广义的企业资源更值得关注。

1. 人

人力资本是劳动生产率的关键性决定因素,因此,人才是企业的重要资源。企业内部存在着不同的管理层级,较高级别管理者进行决策、监督和领导活动,较低级别管理者进行具体操作执行活动。他们的努力程度、能力才干及相关经验使他们处在不同层级、不同岗位,从而形成了管理层级结构,我们把这种管理层级结构及结构中富有效率的横向、纵向的关系的结构形式称为组织结构。在横纵向的关系连接中有一个交点,即组织部门。

在企业信息化的准备阶段,要完成富有效率的组织结构的建立,明确相应组织部门及岗位,并将合适的人力资本安排在合适的部门岗位。

2. 物

物是指具有物质形态的固定资产和流动资产。物质形态的固定资产包括工厂车间、机器设备、工具器具、生产资料、土地、房屋等各种企业财产。物质形态的流动资产主要是指原材料、部件、半成品、产品或商品等各种企业财产。

3. 财

财是指企业货币形态的资金。企业资金在再生产过程中必须依次经过购买、生产、销售三个阶段。企业货币形态的资金从财务部门流出,通过采购部门采购原材料、部件、半成品,转换成生产资金,在生产线上生产制造产品,最后通过销售部门售出产品,生产资金以商品资金形态又回到财务部分。企业资金经过三种形态并实现价值增值后,又回到原来的出发点。这一过程就构成了企业资金的循环。

在企业的信息化管理中,与"财"有关的部门有销售部门、采购部门、财务部门。

4. 无形资源

狭义的企业资源还包括一些除"人财物"的无形资源,主要包括时空资源、信息资源、技术资源、品牌资源、文化资源和管理资源等。无形资源看似无形,但在信息化管理中,时空资源、信息资源、技术资源、品牌资源可以数字化进入信息系统当中,便于资源的使用和调配。

5. 企业外部资源

企业外部资源主要是指对企业经营有影响但是企业不能掌控的所有社会因素和环境因素。

互联网打破了企业的边界,企业在运营过程中必须考虑利益相关者的诉求。投入品的采购是企业生产的起点,产品的销售是企业生产的终点。供应商和客户是企业不容忽视的重要的外部资源,是最重要的利益相关者。企业要通过搜集、录入、分析、挖掘供应商及客户信息,做出决策,实现供需有效对接,实现价值增值。

企业的外部资源还包括了国家层面的政治经济政策的数据信息、社会层面的利益相关者的数据信息,这些对企业的运营都会产生一定的影响

【练习4.2】 请你说一说,企业需不需要获取外部资源?为什么?

_____

_____

思政园地

做好企业复工复产的人力资源管理

2月10日,习近平总书记在北京市调研指导新型冠状病毒肺炎疫情防控工作时强调,要积极推动企事业单位复工复产。努力完成2020年经济社会发展各项目标任务,必然要求企业在做好疫情防控工作的前提下复工复产。企业复工复产,需要结合自身实际统筹做好疫情防控和生产经营,有条件的企业可以充分利用现代科技手段和平台,创新人力资源管理模式。

在常规管理模式下,员工以部门或团队的形式聚集在稳定的工作场所开展工作。在疫情防控期间,可以积极探索弹性时间与远程办公相结合的工作方式、自我管理与目标管理相结合的管理模式、网络在线与全员参与相结合的学习方式,进一步深化人力资源管理变革与创新。当前,我国5G、大数据、云计算、物联网等信息技术的发展为这种人力资源管理变革与创新提供了有利条件。

基于信息平台的远程办公模式,突破了工作地点的限制,得到准许的员工能够自由选择工作地点和工作时间。对于企业而言,实行远程办公还能节省物业成本和管理成本,有效提高办公资源的利用效率。在疫情防控期间,企业管理者可以根据生产方式与行业特性,合理安排相应的工作方式,调整企业人力资源管理部门的激励与考核方式,有效提高员工工作的积极性和主动性。比如,高科技企业可以采取弹性时间工作制,让员工错时上班;搭建基于信息技术的研发平台,让员工在模拟研发环境中工作。传统服务企业可以搭建服务平台,转移消费场所,提供定制化服务。

企业采用居家办公等远程办公形式,有助于防控疫情,但也对劳动者的自我管理能力提出了更高要求,涉及时间管理、工作管理、目标管理等方面。对于企业来说,可以遵循具体、可度量、可实现、相关性、有时限等原则,探索实行员工自我管理与企业目标管理相结合的管理模式。具体来说,一是强化个人行动力。增强劳动者自我管理的决心、恒心,并将其转化为做好实际工作的具体行动,妥善处理好目标制定与行动落实的关系,使员工真正做到心理不彷徨、思想不懈怠、行动不拖延。二是强化工作执行力。将目标和任务分解细化为员工的具体工作,妥善处理好个体工作与团队协作的关系,切实做到件件有落实、事事有回应。三是强化激励感知力。将企业目标和阶段性考核转化为激励员工的有效手段,妥善处理目标实现与过程激励的关系。

人力资源是企业最宝贵的资源。面对疫情防控新形势，企业应充分利用现代信息技术手段，搭建线上线下混合式全员学习场景和交流平台，加快建设共享化、网络式、互动性学习型组织，重构企业学习团队，既最大限度减少疫情对企业生产的影响，又加强员工教育培训，为企业长远发展提供人力资源支撑。对于企业员工而言，面对突发疫情，应增强危机意识，树立长远眼光，进一步加强网络学习、终身学习。根据自身兴趣和职业发展规划，充分利用延迟开工、弹性工作等机会，依托各类学习平台开展在线学习、虚拟仿真实践等活动，不断学习和充电，切实做到持续赋能、广泛赋能、全面赋能，为个人长远发展打下坚实基础。

资料来源：人民日报

作者：赵曙明

（二）大数据视角界定企业资源

数据一直伴随着每一个人、每一个团体、每一个组织。数据的实质是人们在认知过程中的一种记录和计量。企业在管理人、财、物、供应商、客户的过程中产生大量的数据，这些海量数据就是大数据视角下企业的资源。

随着认知的增多，记录越来越多，计量越来越复杂，数据也随之越来越多，越来越混杂，于是人们开始用统计和数学的方法，抽取样本，进行线性分析、因果分析。随着数字化时代的到来，所有的数据均可运用数字化技术手段记录到计算机内，只要有思维、技术，所有的数据都是有价值的。随着云技术、网络技术的发展，数据的量越来越大，数据的来源越来越广泛，大数据应运而生。大数据打破了"样本"，建立了"样本＝全体"；大数据打破了精确，建立了混杂，充分利用非结构数据；大数据让数据告诉我们"是什么"，不再纠结"为什么"。

有了大数据概念，结合大数据分析技术，企业将会合理、高效地利用企业内外部资源。如通过客户及消费者行为做出其需求的判断，进而实现对产品的研发、产品销售量、商品价格、精准营销的预测；通过供应商行为做出其存货的补给的预测。利用大数据分析技术，企业运营问题可以得到全面优化。

1. 大数据视角企业资源的构成

大数据视角下的企业的资源就是各种各样的大数据。大数据包括交易数据和交互数据集在内的所有数据集。

（1）交易数据。企业内部的交易信息主要包括联机交易数据和联机分析数据，它们是结构化的、通过关系数据库进行管理和访问的、静态的、历史的数据。通过这些数据，企业可以了解过去发生的经营状况。

（2）交互数据。交互数据一般来源于微信、公众号、小程序、微博等社交媒体，它包括了详细呼叫记录、设备和传感器信息、GPS地理定位映射数据、图像文件、Wed文本和单击流数据等。通过这些数据，可以推测企业未来的经营状况等。

2. 大数据资源的特点

大数据资源具有海量性、多样性、低密性、时效性等特点。

(1)海量性(Volume)。随着互联网时代的到来,用户可以实现结构化数据、半结构化数据分享。随着信息技术的进步,用户可以通过移动终端实现非结构化数据的分享。社交网络平台、电子商务平台的涌现、移动通信技术的飞速发展开启了一个大规模生产、分享和应用数据时代,数据的海量性特点会越来越明显。

(2)多样性(Variety)。企业通过管理信息系统接触的数据,主要是以结构化数据、半结构化数据为主,如销售数据、采购数据、库存数据、电子邮件、电子表格等,现企业可以通过电子商务平台、社交网络、物联网、互联网、行业收集、科学实验与观测等渠道收集数据,这些数据中有图片、声音、视频等非结构化数据。可以说,企业通过多样性的数据获取渠道,获得了丰富的数据类型与复杂的数据结构。

(3)低密性(Value)。低密性是指大数据价值密度低。大数据具有海量性特点,但在海量的数据当中,有多少是有价值的?数据量往往与数据价值成反比。数据的存储、加工会占用企业大量的资源,因此,提高数据的质量,进行企业数据质量管理是十分必要的。

(4)时效性(Velocity)。数据的变化速度较快,有些数据的"时效性"很短,如果企业不能实时收集或加工处理企业所需的数据,那么企业得到的就很可能是过期的数据,在过期的数据上进行加工处理,用于决策支持,就会导致决策失误。

企业要了解大数据资源的4V特征,提高数据质量管理能力,利用数据的这种规模剧增来改变现状,创造未来。

二、企业资源分类体系

企业资源需要按分类学规则进行数字转化,才能方便后续的大数据管理。

自学:
你知道连锁企业都有哪些部门吗

1. 企业部门与员工

企业属于经济组织,企业规模大小的不同,企业的组织部门也不尽相同。

(1)小微企业规模小,多属于家庭作坊式企业组织。小微企业管理粗放,组织结构极其简单,岗位职责模糊不清,业务流程简单且关联性小,管理信息系统的使用率不是很高,使用管理信息系统时,也往往是一人多角色、一人多职责与职权,发挥的作用仅是解放劳动力,内部控制思想体现得不明显。

(2)大中型企业采用的组织结构形式多种多样,而且这些模式也在不断发展。大中型企业常见的组织结构类型有职能制、直线—职能制、事业部制、矩阵制、网络型等。企业在组织结构设计上要以顾客为导向,为员工提供服务支持、资源供给、价值评估与愿景激励。企业组织管理中的组织结构类型、职责权、管理层级与管理幅度影响着管理信息系统,管理信息系统也反过来影响着企业的组织结构类型、职权责、管理层级与管理幅度。企业或是按现有的先进的组织管理打造属于自己的管理信息系统,或是按先进的管理信息系统进行组织再造。总之,企业的组织管理与管理信息系统内的流程、权限要统一。

在管理信息系统中需要依据先进的组织管理思想建立组织结构,明确组织管理层级、组织管理幅度、职责权等内容,完成企业管理的优化改进,并进行管理信息系统内关于企业组织部门、部门人员的录入,并赋予人员相应的权限,以利于员工借助于管理信息系统完成岗位职责要求的工作。

2. 企业产品与商品

产品/商品是重要的企业资源,通过产品/商品的流通,企业实现了利润的获得。从营销的角度对产品/商品进行分类注重的是方便消费者快速选购,从企业生产制造的角度对产品/商品进行分类注重的是方便取料及出入库。

在连锁零售企业的管理信息系统中,经营商品通常有大类、中类、小类的三层分类。企业完成小类商品信息录入后,进行商品档案的录入,在商品档案的录入过程中对商品进行多维度的面分类后,从而方便数据集市对商品数据的抽取。

零售企业业态比较多,不同业态要进行不同的选品,建立不同的商品分类结构。

3. 企业客户与顾客

客户是企业的利润之源,是企业发展的动力。在企业管理中,顾客和客户是不同的概念,顾客一般是指购买和消费企业商品的个人,客户一般指购买和消费企业产品的组织。零售企业一般会将客户称为大客户,将普通顾客和会员顾客称为顾客。

在管理信息系统中,一般将顾客列入会员管理范畴,将客户列入客户管理范畴。业务相关部门可在管理信息系统内进行会员、客户的等级设置及相关必要的信息录入。

在连锁零售企业的会员/大客户管理中,总部要建立会员/大客户细分模型,完成会员/大客户资料的收集维度。会员/大客户资料维度包括了人口统计变量、地理变量、社会统计变量、心理变量、行为变量,这些资料在成为企业资源后,将有助于企业掌握会员的消费习惯、偏好、生活方式、生活态度及社会趋势等。对于连锁企业不仅要掌握会员的资料,还要结合会员交易数据、社交数据、网站数据、门店数据、邮件数据对其进行评分,建立会员档案。

连锁企业总部的相关部门在管理信息系统中的销售管理子系统完成大客户分类体系设置,在营销管理子系统中完成会员分类体系设置,销售终端在管理信息系统中完成会员的归类录入。对于大型连锁企业,大客户有独立的业务部门进行管理。在管理信息系统中,客户分类可按行业、地区、级别、性质、企业规模等进行分类。在连锁企业中,营销部门设计会员等级,建立、分析、挖掘会员档案,销售终端发挥着收集会员资料,建立会员档案,并将其实时传递给总部。

4. 企业供应商

每一个连锁零售企业都有很多的供应商,这些供应商来自不同的地区、行业,在适合的时间、适合的地点供应给连锁零售企业适合质量、适合价格的零售商品。供应商管理有助于加强连锁零售企业的快速响应,有助于提高采购质量、降低采购成本、提高客户和顾客的满意度,有助于合作开发研究新产品,持续提高改进产品质量,最终提高企业的核心能力,获得竞争优势。

对于大中型连锁零售企业,总部在管理信息系统中可以按地区、行业、级别等对供应商进行分类。在小微型连锁零售企业,因其商品品类、品种比较少,供应商数量不多,所以在管理信息系统中可直接建立供应商档案。

任务实施

企业资源包含了哪些内容？任务描述中的企业资源管理是否合理？你能否提出更合理的建议？

巩固练习

1. 建立自己的模拟企业，并在美萍商业进销存管理系统中按图4-4建立练习账套1，按图4-5的操作路径完成企业内部资源的录入。

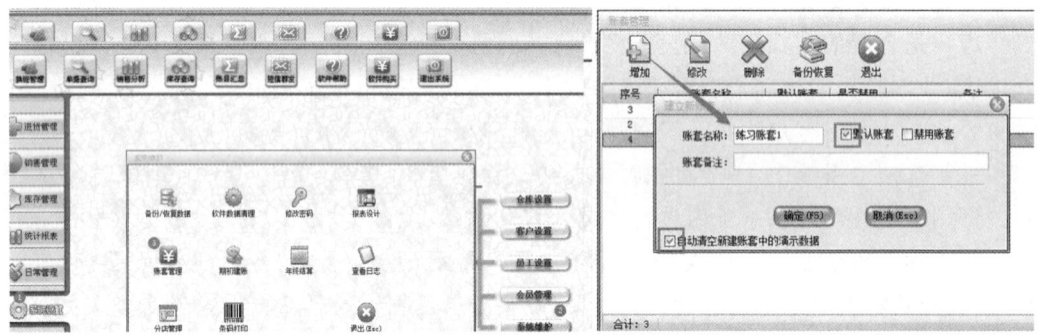

图4-4　美萍商业进销存管理系统账套建立路径

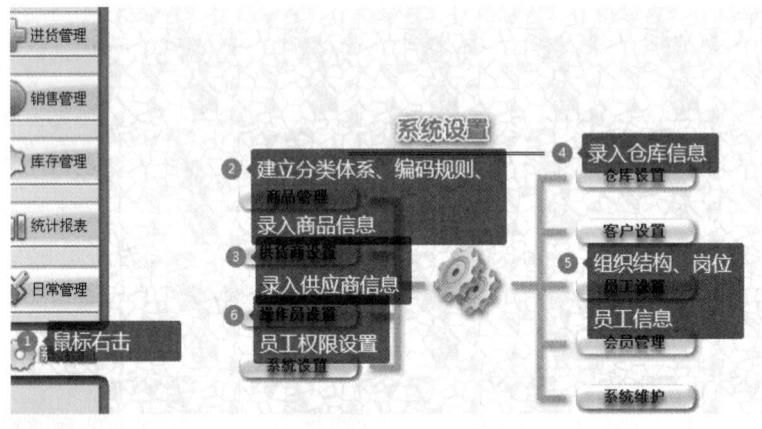

图4-5　美萍商业进销存管理系统企业内部资源录入路径

2. 流程图绘制：采用规范图形，明确边界与重要节点，完成采购计划流程图、收银工作流程图、配送作业流程图、入库作业流程图。

3. 企业资源流向图：完成连锁零售企业的企业资源在总部、门店、配送中心、供应商、顾客之间的流向。

任务三 认识管理信息系统架构

任务描述

小明的企业新招聘了一名收银员、一名采购员、一名仓管员,有信息部的俞红对三名员工进行美萍商业进销存管理系统的使用培训。

假如你是俞红,你会怎样指导三名员工快速找到进入软件的路径,并熟悉操作界面?

任务分析

管理信息系统是企业信息化必不可少的组成部分,但对于一个初入职场的非计算机相关专业毕业的"小白",找到管理信息系统、熟悉管理信息系统人机交互界面的功能分区,快速学会管理信息系统的操作,并非易事。需要其通过学习管理信息系统架构的知识来应对不同人机交互界面的管理信息系统的操作。

相关知识

管理信息系统架构说法比较多,下面介绍三种不同层面上的架构:产品架构、应用系统体系架构、中台。

一、产品架构

顾元勋教授在《产品架构评估原理与方法》中对产品架构的界定是:"产品架构源于设计理论、软件工程、运作管理、产品开发管理等多学科的知识综合,是通过将产品的功能分派给物理模块而形成的系统性方案,体现了产品系统的分解与集成。产品架构首先是作为一个系统整体而存在的,系统保障了产品的整体性和功能集成,然后是包含了模块和界面。因此,产品架构的整体构成三要素为系统、模块、界面。"

(一)管理思想与产品架构

管理信息系统是信息通信技术与管理活动的融合。企业通过管理信息系统可以实现精确和规范管理,促进业务流程改进、优化甚至重组,提高决策质量,促进经营绩效改进,进而实现企业经营与管理的转型升级。管理思想反过来也约束着管理信息系统的架构,当管理思想发生变革时,管理信息系统的架构也在发生着改变。

1. 管理技能与管理信息系统

不同层级的管理者,对管理技能的要求是不同的,对应管理信息系统可以分为以下几种类型:战略层的高管信息系统、管理层的管理信息系统及决策支持系统、知识层的知识工作系统及办公自动化系统、操作层的事务处理系统。其中事务处理系统是管理信息系统的基础。

2. 管理职能与管理信息系统

在现代管理理论中，管理过程学派代表人物法约尔将管理职能划分为计划、组织、命令、协调、控制五大职能。管理信息系统的类型可以从组织职能的角度进行划分，如采购管理、销售管理、营销管理、生产管理、人力资源管理、财务管理等，每种管理职能的实现都需要作业层员工、基层管理者、中层管理者、高层管理者的命令与协同，在管理信息系统中具体体现为业务活动的输入、业务活动涉及资源流的走向、业务活动的审批控制、业务活动计划的输出。

3. 组织结构与管理信息系统

在现代管理理论中，管理层次是一个很重要的概念。不同的管理层次对信息的需求和应用是不同的，从组织的管理过程和管理层次的角度可将管理信息系统分为事务处理系统、管理信息系统、战略决策支持系统。

现阶段，大中型企业的管理信息系统常采用ERP管理、商业智能管理，系统中包含了销售与营销、生产运营、会计与财务、人力、采购与仓储等方面的工作。小微型企业的管理信息系统采用简单的进销存管理，系统中包括了进货管理、销售管理、存货管理等方面的工作。无论采用何种软件，其架构设计都蕴含着一定的管理思想，并且优秀的管理信息系统架构会与管理理念、管理思想协同发展，不断优化，实现管理信息系统与企业运营管理的相互促进。

【练习4.3】 面对百年未有之大变革，管理技能、管理职能、组织结构、管理信息系统会有怎样的变化？

(二)管理信息系统通用架构平台

好的管理信息系统是建立在先进的管理思想基础之上的，管理信息系统先把先进的管理思想固化其中，形成系统模块框架，再与企业进行融合，对具体的业务细节进行优化。因此，我们完全可以通过对先进管理思想的学习来熟练掌握运用各类管理信息系统。

作为一名员工，进入企业工作后，会有明确的工作岗位和明确的岗位职责，如果你所工作的企业使用了管理信息系统，恰好你的某些工作也需要借助于管理信息系统来实现信息的传递，那么，企业就会给你一个已经赋权的用户名和用户密码，在登录后就会看到属于你的岗位职责内的工作界面。

作为一名学生，无论是教学版的管理信息系统，还是竞赛版的管理信息系统，通常情况会赋予你多重身份，从基层员工到高管，从采购部到销售部，你都可以进入。为了体现真实企业的内部控制与风险管理，你需要用不同的用户名和密码以不同的岗位身份进入工作界面，进行事务、分析、决策等工作。

以上描述实质就是对市场常见管理信息系统架构的解耦，我们通过对企业管理理念和管理思想的分析梳理，可以清晰把握管理信息系统的人机交互界面呈现的功能模块，可以准确把握管理信息系统内部的企业资源的流向，可以明确个人岗位职责、工作边界，进而可以实现管理信息系统事务管理层面的独立操作。

了解认识管理信息系统的架构,将有助于从操作层面使用任何一个管理信息系统软件。顾元勋教授提出:"产品架构是产品设计的重要结果,其形态可以被称为模块化的或一体化的,大多数产品是模块化的与一体化的混合架构。"学习、工作中接触到的管理信息系统多是混合架构,本书仅梳理基于界面层的可观可看的功能模块及其之间的逻辑推理。详见图4-6。

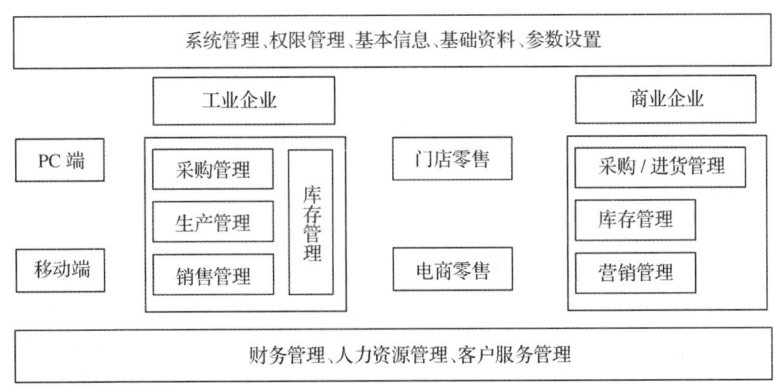

图4-6 管理信息系统的通用架构平台

1. 系统运行基础

管理信息系统的运行需要进行一系列的设置,不同的软件会将其划分到不同的模块当中,如系统管理、基本信息、权限管理、基础资料、参数设置;系统设置、系统维护、商品管理、人员管理、价格管理、人员管理、操作员设置等。无论是怎样的模块名称,都是为了方便用户识别使用,都是管理信息系统运行的前期基础性工作。只有完成这些系统运行基础设置,管理信息系统才能开始事务处理,才能支撑决策支持。

系统管理的使用对象一般为企业的信息管理人员,其他人没有权限进入,这个身份称为系统管理员。系统管理员进入系统后,可以进行企业员工、各层级管理者的职责和权限设置,还可以进行企业法人的基本信息、业务运行产生的数据备份设置等。也就是说,系统管理员可以完成账套的建立、修改、删除和备份,可以对系统内的人员设置角色、赋予权限,可以对各个模块和资料进行统一管理和维护。其中对系统内的人员进行角色设置和权限赋予,有时也以权限管理的形式单独形成一个功能模块区或功能操作按钮。在适用于大中型企业的管理信息系统中系统管理一般单独为一个功能模块;在适用于小微型企业的管理信息系统中系统管理里出现的这些功能会和基本信息、基础资料、业务参数融合在一起在"系统""系统管理""系统设置"等模块中呈现。

基本信息一般包括编码方案、数据精度等内容。基础资料录入前需要进行编码方案的设置,编码方案设置要遵循编码原则,同时要做到好用、好识、好记;作为管理信息系统软件的使用者,要能看懂编码方案,才能进行基础资料录入。在适用于大中型企业的管理信息系统中,基本信息一般单独为一个功能模块;在适用于小微型企业的管理信息系统中,基本信息一般会在"系统""系统管理""系统设置"等模块中呈现。

参数设置一般包括了企业业务工作的所有参数设置。如门店的前台销售要进行

POS 系统软、硬件的参数设置，销售业务中销售报价是否含税、是否允许超订单量发货、库存为零时是否允许销售等，单据编号的设置等。企业业务工作的参数设置是企业内部控制思想、业务流程管理思想的体现，它们就像闸口开关，决定了企业资源的流动方式、轨道、方向。

基础资料一般是指企业资源档案性资料，根据企业资源间的内在逻辑关系，管理信息系统的人机交互界面会按其录入顺序依次呈现。基础资料可单独呈现，也可以纳入系统管理模块。如果单独呈现，在软件的人机交互主界面上就可以找到基础资料模块；如果纳入系统管理模块，就需要单击人机交互主界面中出现的系统管理模块，进入第二层，找到基础资料管理模块或分解展示的商品、人员、供应商、客户等功能模块。软件的运行需要企业资源数据，完成企业资源数据的录入，之后才能进行业务模块操作。

2. 业务管理模块

在教学版的管理信息系统中，可见界面全貌，一般在界面的左侧，会以目录的形式依次呈现出基础资料模块、业务管理模块、系统管理模块。单击对应的业务后，录入和生成的业务数据会在人机交互界面的数据显示区出现，再进行下一步的操作。

不同类型的管理信息系统呈现的业务管理也不尽相同。业务管理模块是新工科、新商科高职学生未来工作经常接触的内容，也是大学期间课程学习的重点。

进销存系统是现阶段高职院校新商科专业教学使用频率比较高的管理信息系统，它是新商科专业收银、门店运营、商品采购、会计报表等课程实践教学的依托，是新工科销售管理、采购管理、仓库管理等课程的实践教学依托。进销存是指企业管理过程中从采购到入库再到销售的动态管理过程。对于商业企业来讲，进销存就是从商品的采购到入库再到销售的动态管理过程；对于工业企业来讲，进销存就是从工业投入品的采购到入库、领料加工、产品入库再到销售的动态管理过程。进销存管理信息系统一般包括销售管理、采购管理、仓库管理、会员管理、财务管理等业务模块。

ERP 于 1990 年由美国 Garther Group 公司首先提出，企业资源制造计划是现阶段高职院校新工科专业教学使用频率比较高的管理信息系统，新工科有专门的 ERP 课程。在 ERP 管理信息系统中可以看到财务管理、管理会计、客户关系管理、供应链管理（合同管理、售前分析、销售管理、出口管理、进口管理、采购管理、委外管理、质量管理、库存管理和存货核算）、生产制造、人力资源等业务模块。

二、应用系统体系架构与中台

应用系统基于不同的系统体系架构，区分为 C/S 和 B/S 结构。2015 年阿里进行组织战略布局，提出中台概念，它属于应用系统的场景式服务架构。

1. C/S 与 B/S

C/S 结构，即 Client/Server（客户机/服务器）结构，是大家熟知的软件系统体系结构，其通过将任务合理分配到 Client 端和 Server 端，降低了系统的通信开销，充分利用了两端硬件环境的优势。

B/S 结构，即 Browser/Server（浏览器/服务器）结构，是随着 Internet 技术的兴起，对 C/S 结构的一种变化或者改进的结构。在这种结构下，用户界面完全通过浏览器实现，一

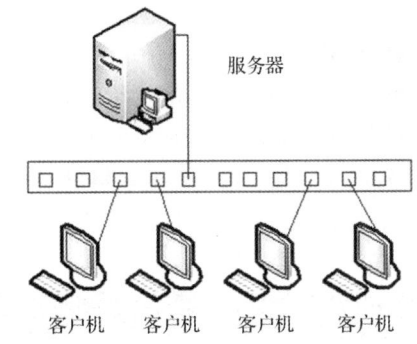

图 4-7 客户机/服务机(C/S)结构图

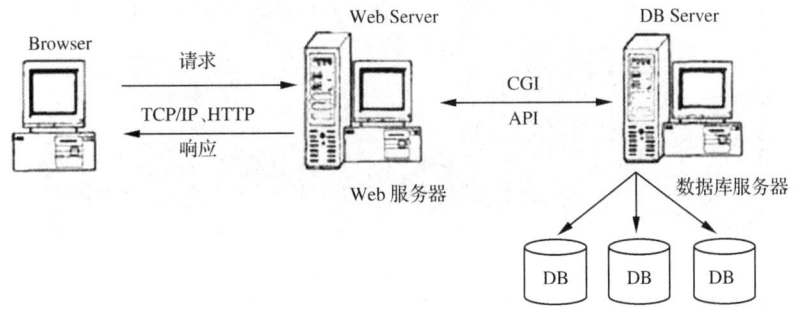

图 4-8 浏览器/服务器(B/S)结构图

部分事务逻辑在前端实现,但主要事务逻辑在服务器端实现,是当前主流的软件系统构造结构。

2. 中台

中台,是相对于管理信息系统的前台和后台形成的概念,业界把连接前台和后台的大量交易处理和服务称为中台,关于中台的界定有多种,在这里以阿里集团为例介绍中台。

中台架构是将企业核心能力随着业务不断发展以数字化形式沉淀到平台,形成以服务为中心,由业务中台和数据中台构建起数据闭环运转的运营体系,供企业更高效地进行业务探索和创新,实现以数字化资产的形态构建企业核心差异化竞争力。阿里中台包括业务中台和数据中台。

业务中台是业务处理一套架构,使用业务中台,企业要明确什么是业务、业务的工作边界在哪里、每个工作流与提供的基础服务又是什么。企业在业务中台的建设中实施了业务标准化,包含了流程的标准化,内部控制的标准化。

业务名称还是订单处理、采购管理、会计核算、开票收款、收票付款、费用处理、资金管理、人力资源和IT服务等。业务中台在运行过程中产生大量数据,数据中台需要对数据采集治理、数据建模、数据开发,形成有针对性的数据服务。

数据中台是数据处理的一套架构,并不是一个独立的技术,它涉及很多不同层的产品。在传统的结构化数据基础上,它增加了非结构化的数据,把原始数据储存在数据资源管理这一层,把数据当成原材料,放在仓库里。数据质量管理、数据来源与指标定义、主数据管理、安全管理等模块,把不同数据源统一标准、统一格式、统一口径,形成数据资产,从而可以在前端应用。因此企业要建立各种数据集,对这些数据集进行数据挖掘和分析。这些数据集的内容可以通过移动、PC端的应用,调出有用数据。

数据中台支持海量数据的存储、计算、产品化包装过程,为前台基于数据的定制化创新及为业务中台基于数据反馈的持续演进提供强大支撑。

不同类型的企业根据自身能力,可以选择自建或租赁的形式进行中台布局。阿里集团最早提出了中台概念,并在企业内部进行组织革新,开始大中台、小前台的组织战略布局,阿里集团的中台架构模型如图4-9、图4-10所示。

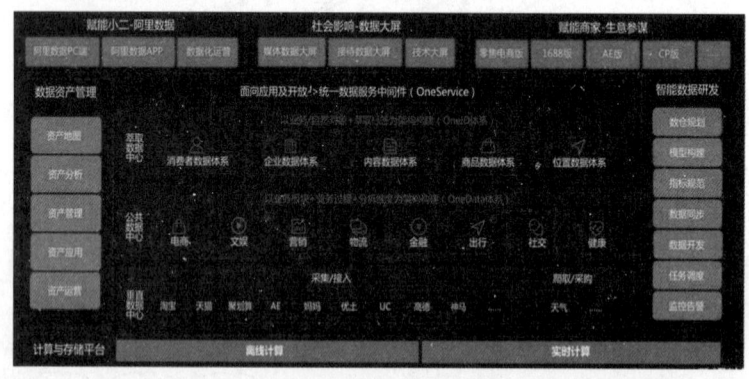

图4-9　阿里数据中台架构图(图片来源@阿里巴巴技术团队)

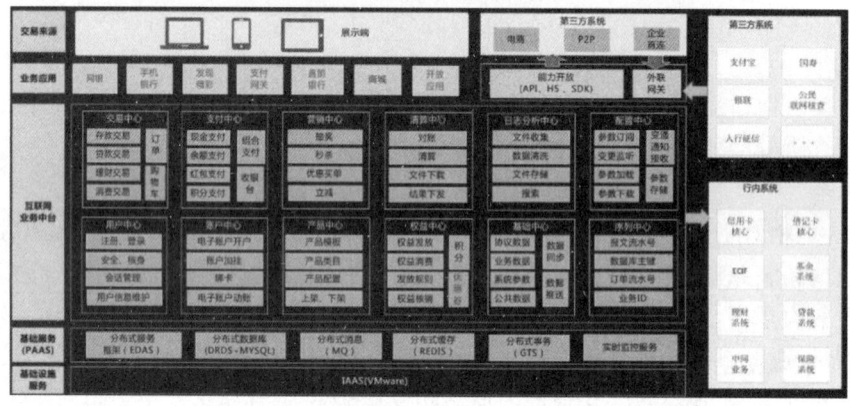

图4-10　阿里业务中台架构图(图片来源@阿里巴巴技术团队)

BAT企业已经分别提出面向企业的中台服务。阿里云已经面向企业提供业务和技术中台服务;百度云也于2020年5月开始面向企业提供知识中台服务;腾讯安全于2019年面向企业推出云数据安全中台服务。

任务实施

1.美萍商业进销存管理系统属什么体系架构?参照图4-11、图4-12,分析该种体系架构的应用软件可以通过哪些路径找到。

学习单元四　连锁企业信息管理基础

图 4-11　美萍商业进销存管理
系统桌面快捷图标

图 4-12　Windows 系统[开始]菜单下的
美萍商业进销存管理系统

2.登录美萍商业进销存管理系统,对图 4-13 的界面进行分区,进行模块功能认识与识别。

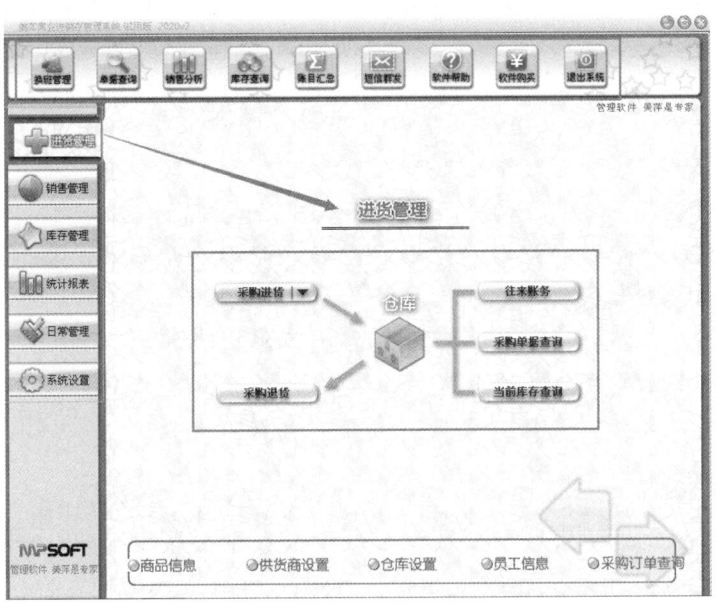

图 4-13　美萍商业进销存管理系统人机交互界面

巩固练习

登录商鼎卖场管理信息系统、用友 U8 供应链管理系统,绘制人机交互界面结构图。

99

强 化 训 练

一、不定项选择

1. 在管理实践中,管理的四大基本职能为( )。
   A. 计划　　　　　　B. 组织　　　　　　C. 领导　　　　　　D. 控制

2. 以下不属于7W1H的是( )。
   A. Where　　　　　B. Who　　　　　　C. Which　　　　　D. How

3. 对工作分析八个要素(7W1H)的描述不正确的是( )。
   A. Who:谁从事此项工作,责任人是谁,对人员的学历及文化程度、专业知识与技能以及职业化素质等资格要求。
   B. What:雇员要完成的工作任务当中,哪些属于体力劳动的范畴,哪些属于脑力劳动的范畴。
   C. Whom:为谁做,即顾客是谁。这里的顾客不仅指外部的客户,也可指企业内部的员工,包括与从事该工作有直接关系的人:直接上级、下级、同事和客户等。
   D. When:如何从事此项工作,即工作程序、规范以及为从事该工作所需要的权利。

4. ( )结构是大家熟知的软件系统体系结构,其通过将任务合理分配到Client端和Server端,降低系统的通信开销,充分利用了两端硬件环境的优势。
   A. C/S　　　　　　B. B/S　　　　　　C. 以上都是　　　　D. 以上都不是

5. 以下资源属于企业无形资源的有( )。
   A. 时空资源　　　　B. 信息资源　　　　C. 文化资源　　　　D. 金融资源
   E. 人力资源

6. 以下属于大数据资源的特点的为( )。
   A. 海量性　　　　　B. 多样性　　　　　C. 低密性　　　　　D. 时效性

7. 产品架构的整体构成三要素为( )。
   A. 系统　　　　　　B. 模块　　　　　　C. 界面　　　　　　D. 产品

8. 管理信息系统的类型有( )。
   A. 事务处理系统(TPS)　　　　　　　B. 管理信息系统(MIS)
   C. 决策支持系统(DSS)　　　　　　　D. 以上都是

9. 进销存管理信息系统一般不包括( )业务模块。
   A. 销售管理　　　　B. 采购管理　　　　C. 财务管理　　　　D. 往来管理

10. 在ERP管理系统中,看不到的业务模块有( )。
    A. 管理会计　　　　B. 基础档案管理　　C. 客户关系管理　　D. 人力资源

二、填空题

1. 组织结构的类型包括( )、( )、( )、( )。
2. 工作流程从逻辑上分为四层:业务主线、( )、职能实现、( )。
3. 大数据视角下的企业资源由( )和( )构成。

4. 在管理信息系统中,一般将顾客列入(　　　)范畴,将客户列入(　　　)范畴。

5. 从组织的管理过程和层次的角度,可将管理信息系统分为(　　)、(　　)、(　　)。

三、判断题

1. 直线—职能型组织结构的优点为①结构简单,命令统一;②责权明确;③联系便捷,易于适应环境变化;④管理成本低。　　　　　　　　　　　　　　　　(　　)

2. 工作的边界是无形的、随机的。　　　　　　　　　　　　　　　　(　　)

3. 狭义的企业资源是指企业在向社会提供产品或服务的过程中所拥有、控制或可以利用的、能够帮助实现企业经营目标的各种生产要素的集合。　　　　(　　)

4. 客户一般是指购买和消费企业商品的个人,顾客一般指购买和消费企业产品的组织。　　　　　　　　　　　　　　　　　　　　　　　　　　　　　　(　　)

5. 系统管理员可以完成账套的建立、修改、删除和备份,可以对系统内的人员设置角色、赋予权限,可以对各个模块和资料进行统一管理和维护。　　　　　(　　)

学习单元五

连锁企业业务流程梳理与管理信息系统操作

目标体系 ▶▶▶

知识目标	能力目标
了解销售管理相关理论； 掌握销售管理业务规范； 理解销售管理业务流程； 了解营销管理相关理论； 掌握营销管理业务规范； 理解营销管理业务流程； 了解采购管理相关理论； 掌握采购管理业务规范； 理解采购管理业务流程； 了解入库、出库、在库管理业务规范； 理解入库、出库、在库管理业务流程	能够绘制简单的业务流程图； 能够梳理和制定促销方案、会员管理方案、价格与折扣管理方案、采购方案的思路； 能够进行信息系统的操作； 能够进行管理决策

知识体系 ▶▶▶

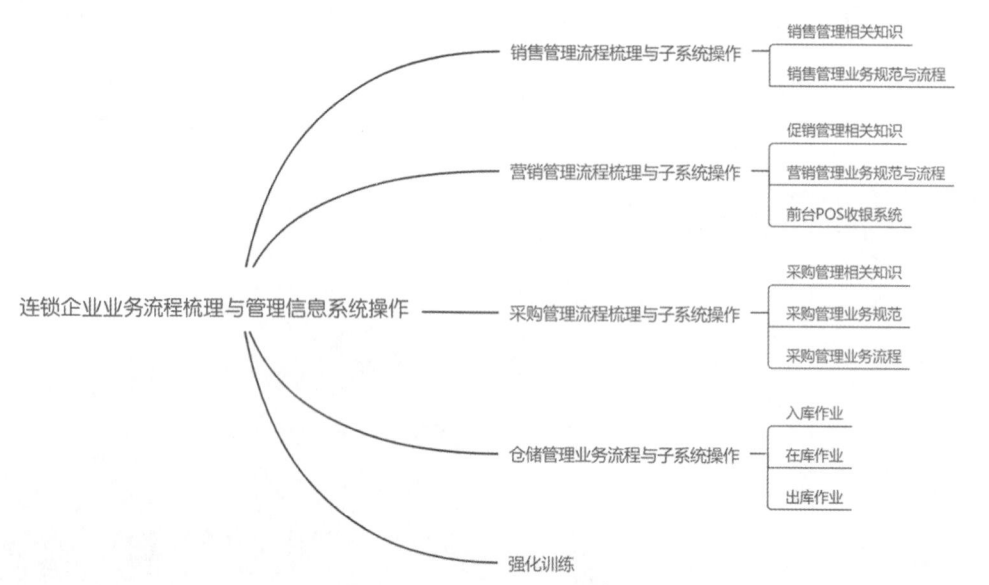

任务一　销售管理流程梳理与子系统操作

任务描述

小明的企业新引进了一名架构师全面负责企业信息化工作。现企业的销售部门结合该部门的业务规范,明确了销售计划制定流程的再造:

(1)明确了工作边界。工作开始于营销/销售人员的数据收集与分析,输入调研报告;工作结束于销售计划的执行,输出销售任务单。

(2)明确了工作职责。销售人员负责信息的收集分析,形成分析调研报告,上报主管部门经理;负责销售任务的具体落实。销售经理负责销售目标的确定、销售计划的拟定,报总经理审批;负责将审批通过的销售计划进行分解,分解到小组、个人,同时分解到月、季、年。总经理负责审批销售计划。

根据以上的描述,假如你是那名架构师,你能指导销售部门完成销售计划制定的流程绘制吗?

任务分析

架构师紧密配合企业的各部门工作,梳理、再造企业流程,让企业的业务流程、管理流程更加规范,通过内部控制实现企业风险控制。作为一名高职新商科专业的学生,应掌握流程图绘制的基础知识,能够依据销售管理的管理层明确工作职责与边界,绘制出本企业的销售管理相关业务流程图;与架构师配合,完成企业销售管理流程的梳理、再造,完成销售管理子系统的开发、定制、升级。

相关知识

无论是进销存系统还是ERP系统,销售管理模块是不可或缺的子系统。

一、销售管理相关知识

销售与营销不是相同的概念,销售是营销的一部分。

销售是企业说服和诱导潜在顾客购买某项商品或服务,从而实现企业营销目标并满足顾客需求的活动过程。企业进行销售管理是为了在目前运营管理的基础上让顾客/客户购买自己的产品及服务,积累"今日的报酬"。

销售管理内容包含了产品管理、客户管理、渠道管理等,其中产品管理、客户管理在本

自学:
一口气掌握22
种定价策略

书学习单元四中已详细介绍,渠道管理在管理信息系统中主要以客户管理形式体现,本学习单元主要介绍价格管理。

价格是营销组合中的关键要素,它是给企业带来收入的唯一因素。

1. 定价

产品的定价受企业定价目标、市场需求情况、产品成本、产品生命周期、竞争者产品和价格、信息的共享程度等方面的影响。

产品的定价和调价要考虑产品的需求价格弹性,企业要根据不同产品的需求价格弹性进行降价或提价,以增加企业的总收益。

确定产品的价格,有多种策略和方法可供选择,详见表5-1和表5-2。

表 5-1　　　　　　　　　定价方法

成本导向定价法		需求导向定价法		竞争导向定价法	
类型	计算方法	类型	含义	类型	适用
成本加成法	产品单价＝单位产品完全成本×(1＋预期利润率)	认知价值定价法	找到消费者对新品的认知价值	随行就市定价法	竞争激烈的同质产品:大米、面粉、钢铁
目标利润法	产品单价＝单位产品变动成本＋(固定成本＋目标利润)÷预期销量			投标定价法	政府、企事业单位的大宗采购
盈亏平衡定价法	盈亏平衡点销售量＝固定成本÷(单位产品价格－单位可变成本) 保本价格＝固定成本÷盈亏平衡点销售量＋单位可变成本	逆向定价法	找到消费者能接受的销售价格,推出成本、利润、出厂价	拍卖定价法	艺术品、古董、房地产的交易
边际贡献率定价法	产品单价＝(总的变动成本＋边际贡献)÷总销量				

表 5-2　　　　　　　　　定价策略

折扣定价策略	新品定价策略	心理定价策略	细分定价策略	产品生命周期定价策略
数量折扣	撇脂定价	小数定价	购买者类型细分定价	开发期创新产品定价
现金折扣	渗透定价	整数定价	地点细分定价	成长期产品定价
季节折扣	适中定价	吉利数定价	产品功能细分定价	成熟期产品定价
业务折扣		声望定价	购买时间定价	衰退期产品定价
价格折扣		招徕定价		

2. 调价

调价主要包括了提价和降价两个方面。

消费者对企业的价格变动会做出一定的反应,因此,在提价和降价的时候都要考虑消费者的反应。

企业发起降价的原因主要有:企业急需回笼大量现金,企业拥有了成本优势,行业及企业的产能过剩、供大于求,宏观因素的影响。不同类型的消费者对企业发起降价可能做出不同的认知反应:企业让利与顾客;新产品取代老产品;产品有质量缺陷;企业财务链断裂、可能无法经营下去;同质产品多,价格会持续下降。

企业发起提价的原因主要有:上游原料提价,成本增加;需求大于供应;利用顾客的感知,创高品质效应。不同类型的消费者对企业发起的提价可能做出如下反应:质量高了,价应该高;需求大于供给,排队买,可能买不到;流行商品,价格高;通货膨胀的正常提高;提价赚取高额利润。

企业降价可以是商品价格的直接绝对下降,也可以是定价策略中的折扣定价策略的选择使用。企业的提价可以是商品价格的直接提升,也可以是间接提价。企业提价的时候多会配合促销活动的开展,减少顾客的不满,维护企业形象。

二、销售管理业务规范与流程

大型连锁企业的销售部门应当遵照《企业内部控制规范》完成其部门职能、岗位职责设置。中小微企业人员少,无法完全遵照《企业内部控制规范》,但应遵循不相容岗位相分离原则,保证销售与收款业务不同岗、不同人,不相容岗位具体包括:客户信用管理与销售合同的审批、签订;销售合同审批、签订与办理发货;销售货款的确认、回收与相关会计记录的编制;销售退回货品的验收、处置与相关会计记录的编制;销售业务经办与发票的开具、管理;坏账准备的计提与审批;坏账的核销与审批。销售部门应遵循或参考《企业内部控制规范》,完成岗位职责、业务工作的设定和梳理,形成销售管理相关业务工作流程。

在连锁企业总部的管理信息系统中有销售管理子系统,其围绕以上介绍的销售部门的业务、职能,对应设置销售计划、销售订货、销售发货、销售定价、销售开票、销售支出、销售账表等模块。企业规模越大,内控与风险管理越完善,销售管理子系统的系统、模块、元素之间的耦合越紧密,质量水平越高。

【练习5.1】 门店营业员查看临近竞争对手门店商品热卖情况,回到门店进行订货操作,第二天,配送中心送货到门店,门店进行销售。

根据描述完成业务流程图,并分析这个业务存在的问题。

(1)销售计划的制定。销售部门应根据客户需求分析及企业上年度销售计划完成情况,预测并制定本年度的销售目标;分解制定不同区域、不同销售人员的销售目标;明确销售支出预算。销售部门还应定期检查、监督销售计划的完成情况,发现偏差并及时修正。除此之外,其还要对销售人员进行及时的指导与培训,保证销售目标的实现。

(2)销售谈判。销售人员为完成销售配额,要找寻客户,并进行合同订立前的销售谈判。企业应当指定专门人员就销售价格、信用政策、发货、收款方式等具体事项与客户进行谈判,并对谈判中的重要事项进行完整的书面记录。

(3)销售合同审批。销售合同应根据其合同金额的不同设立不同的审核、审批权限。审核、审批人员应对合同草案中提出的销售价格、信用政策、发货及收款方式等进行严格的审查并建立客户信息档案。审核、审批人员必要时可咨询法律顾问或专家意见。

(4)销售合同订立。经审批通过的销售合同,需要由企业授权的有关人员与客户签订正式销售合同。表 5-3 是根据工作职责描述编制的销售合同订立的流程。

表 5-3　　　　　　　　　　　　　销售合同订立流程

销售/营销部	财会部门	总经理	客户
开始 → 销售专员 → 销售谈判 → 拟定销售合同 → 销售部经理 → 审核 → 销售合同订立 → 结束	否　是　审核	是　否　审批	客户代表 → 提出相关要求；客户代表

编制部门：销售/营销部

工作边界：工作开始于营销/销售专员与客户的意向谈判，信息系统输入为合同条款的拟定；工作结束于合同签订，输出为销售合同。

工作职责：

销售专员负责谈判、合同拟定、合同签订。

销售/营销部门经理负责合同条款的审核。

总经理对销售合同进行审批

(5) 销售执行。销售部门按照经批准的销售合同编制销售计划，向发货部门(配送中心、仓库、门店)下达销售通知单，同时编制销售发票通知单，并经部门主管审批后下达给财会部门，由财会部门或经授权的有关部门在开具销售发票前对客户信用情况及实际出库记录凭证进行审查无误后，根据销售发票通知单向客户开出销售发票。编制销售发票通知单的人员与开具销售发票的人员不得是同一人。发货部门接到销售通知单后，首先对销售发货通知单进行审核，可按照销售发货通知单或生成出库通知单组织发货。

(6) 销售退回。销售退回的货物必须经销售主管审批后方可执行。销售退回的货物应当由质量部门、仓储部门检查清点后方可入库。质量部门应对客户退回货物进行检验并出具检验证明;仓储部门应当在清点货物、注明退回货物的品种、数量后填制退货接收报告;财会部门应当对检验证明、退货接收报告以及退货方出具的退货凭证进行审核后办理相应的退款事宜,并增加对退货原因进行分析的自我评估制度。表 5-4 是根据工作职责描述编制的销售退货业务的流程。

表 5-4　　　　　　　　　　　　　销售退货业务流程

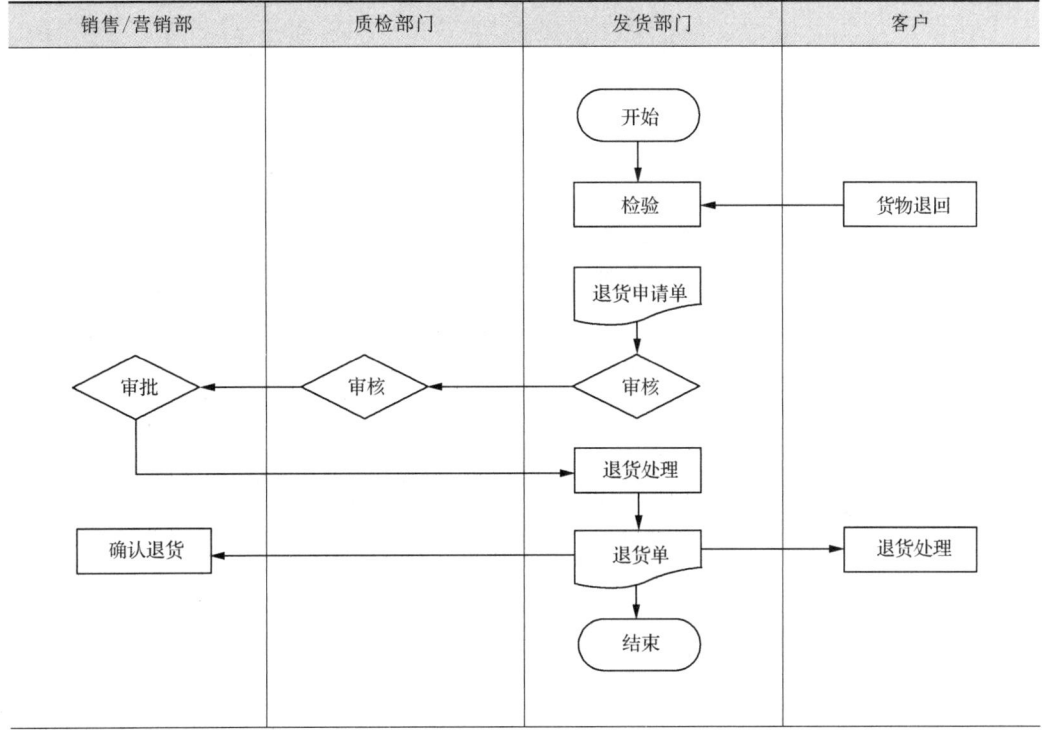

编制部门:销售/营销部

工作边界:工作开始于发货部门处理客户的退货申请,信息系统输入为退货申请;工作结束于退货业务处理完成,输出为退货单。

工作职责:

销售部按退货数量和金额,由相应的人员进行审核、审批工作。

发货部门(仓库、配送中心、门店)负责各种货物退货工作,能本部门检验的则本部门检验,若无法完成检验工作,则需要报质量检验部门进行专业检验;提出退货申请并报相关部门审核、审批

(7)销售结算。销售部门人员不能与销售现款接触,但当客户不能按合同交付货款时,销售部门需要负责应收账款的催收,并妥善保存催收记录。财会部门应当督促销售部门加紧催收。一些企业还会针对应收账款建立清收奖励制度、责任追究和处罚制度,以利于及时催收欠款、保证企业营运资产的周转率。表 5-5 是根据工作职责描述编制的销售结算业务的流程。

自学:
除了记账你还知道哪些连锁企业的财务管理内容

表 5-5　　　　　　　　　　　销售结算业务流程

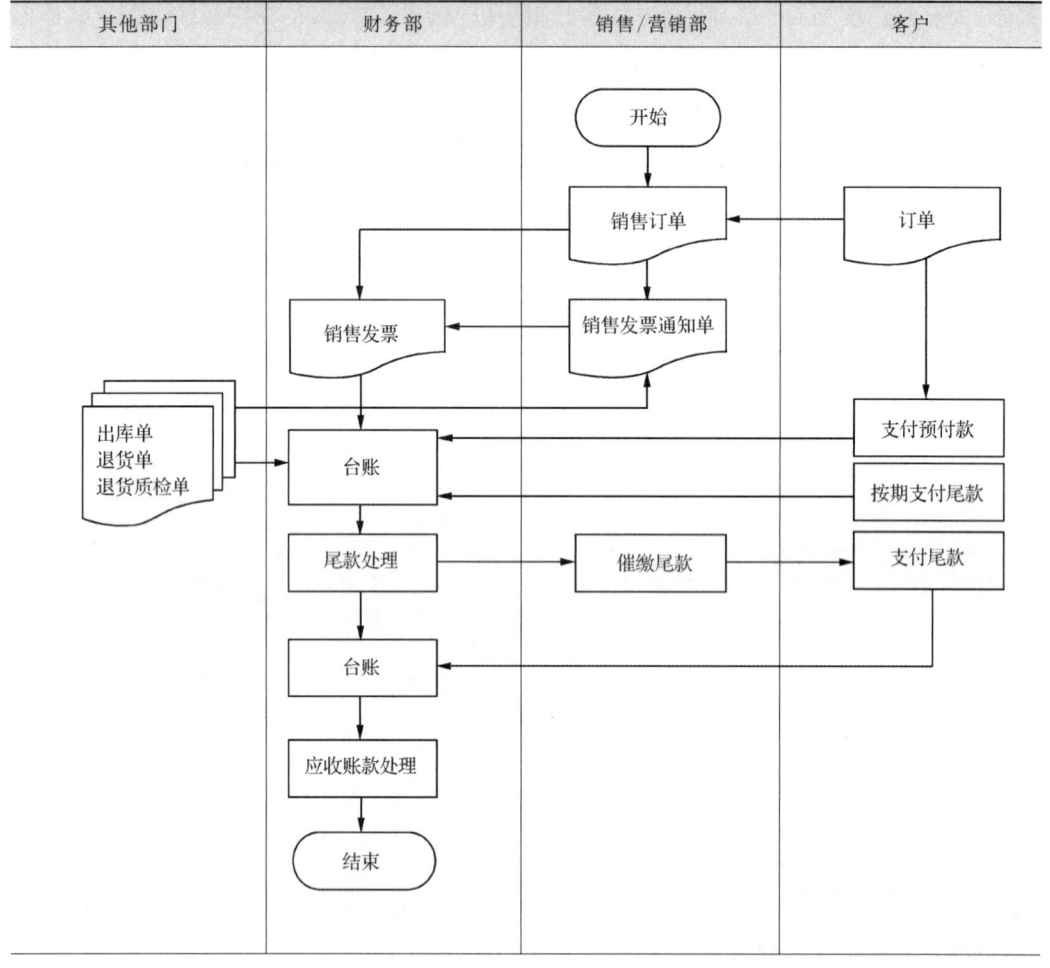

编制部门：销售/营销部
工作边界：工作开始于营销/销售专员接收客户的订单，信息系统输入为生成企业内部的销售订单；工作结束于完成应收账款的处理，输出为各种财务单证。
工作职责：
销售专员负责完成客户的发票通知单、尾款收取等工作。
发货部门（仓库、配送中心、门店）负责处理各种货物相关单证，并传递给财务部门、销售部门。
财务部门负责销售发票的审核、开具，负责应收账款的处理

任务实施

根据任务描述的工作边界、职责，完成销售计划制订流程图的绘制。

巩固练习

1. 事务管理系统的实训操作

销售管理信息子系统的实训操作。

2. 管理信息系统的实训操作

按规则完成销售管理信息子系统的实训操作,并绘制实训软件配套的相关业务流程图。

3. 决策支持系统的实训操作

结合表 5-6,进行管理分析,做出定价决策。

表 5-6 某商品价格与销售情况统计表

价格(元)	销售额(元)	销售占比(该商品销售额/总销售额)(%)
277	250,000	2.5
299	1,780,000	17.8
349	630,000	6.3
399	1,940,000	19.4
429	130,000	1.3
499	2,840,000	28.4
599	2,430,000	24.3

任务二 营销管理流程梳理与子系统操作

任务描述

促销方案一

活动主题:霓裳扮靓半边天 漂亮健康天天见

活动时间:＊＊＊＊年＊＊月＊＊日——＊＊＊＊年＊＊月＊＊日

活动地点:一至三层卖场

活动内容:

(1)活动期间商场各楼层妇女商品专柜特价销售,务求折扣做到最低。商品范围包括:珠宝化妆、服饰饰品、皮鞋皮具等。

(2)开展"只有他才最爱你"活动。"妇女节"当天,只有男士到商场业务部门指定的数家相关专柜购物才能享受特别优惠或购物达到一定金额赠送特别礼品。

(3)活动期间,在共享大厅组织不少于 10 辆花车做促销。促销商品建议为服装、鞋帽、饰品等女士购买热情高、售价又相对较低的物品。

（4）举行"时代女性风采飞扬"内衣展示秀。妇女节当天上午和下午各进行一场内衣展示秀。模特所穿内衣由二楼女装部提供。

（5）"做漂亮健康的女人"活动。邀请妇女健康咨询工作者现场解答女性顾客提出的问题。联系多家健身、美容、娱乐、技能培训等单位，为妇女节在商场购物达到一定金额的女性顾客提供优惠，同时也为他们争取客源。

活动宣传：

商场入口等明显处设立活动须知；活动期间播音室滚动播出活动内容；3月4日和7日晚报各刊登1/2版套红广告。店内参加活动商品用购买点广告（point of purchase，简称POP）特别说明。

促销方案二

主题：回馈消费者，感恩大酬宾

时间：2011年7月7日8时——2011年8月7日18时

地点：河池市各县区专卖店

执行人：各个专卖店的营销人员

促销政策：

(1)促销形式

　a.买赠　b.派样　c.特价　d.游戏　e.换购　f.抽奖　g.积分　h.其他

(2)具体内容

买赠：100元以下的服装类商品定为买一赠一类商品。

游戏：设置多种互动小游戏，详见游戏方案。

抽奖：同时设置多种抽奖活动，详见抽奖方案。

折扣：100~200元的服装类商品定为7折优惠类商品，200元以上的服装类商品定为6折优惠类商品。

对比两个促销方案，你认为哪个促销方案更具可实施性？

任务分析

促销方案的制订，不仅要考虑促销管理的理论知识，还需要考虑方案数字化过程中的可实施性。要做到有计划、有组织、有领导、有控制，形成质量环，不断改进促销管理，提高企业效益。

高职新商科专业的学生要掌握促销管理、价格管理相关理论知识，明确促销方案中促销方式与手段、促销产品及产品组合、促销时间、促销地点能够保证促销业务的数字化。

相关知识

菲利普·科特勒认为，营销就是个人和团体通过创造并同他人交换产品和价值，以取得其所需或所想的社会及管理过程。企业进行营销管理是为了持续满足顾客/客户变动的需求,以获得"明天的报酬",发生在今时今日的销售可以说是昨日营销管理的提现。

一款产品的成功营销取决于很多因素,先后有不同的学者提出了4P组合(产品、价格、促销、地点/渠道)、4C组合(消费者、沟通、便利、成本/花销)、4R组合(关联、反应、关系、报酬)、4V(差异化、功能化、附加价值、共鸣)。4P是营销管理的一个基础要素框架,4C、4R、4V体现的则是营销管理思想随着消费者需求的变化而不断地提升和发展。连锁企业在进行营销管理的过程中,要以4P为框架,结合市场细分条件下的不同消费者需求,融合不同的营销思想,开展不同的4P营销组合管理。

一、促销管理相关知识

促销是指营销者向消费者传递商品/劳务存在及其性能、特征等信息,在传递过程中可以通过人员或非人员的推销方式,借助于宣传、报道、说服、体验等方法,让消费者认识商品/劳务能够给购买者带来的利益,从而激发潜在购买者的兴趣、购买欲望,最终促成交易。可以说,促销是营销组合中复杂而又需要控制成本支出的一环。在促销管理中,4C组合、4R组合、4V组合的营销管理思想影响着促销策略、决定着促销方法。

自学:
连锁企业促销策略大揭秘

1. 传统促销方法

常见的传统促销方法有人员推销、广告、销售促进、公共关系,企业会根据其实际情况来选择促销方法,进行促销组合,编制促销计划。常见的传统促销方法见表5-7。

表5-7　　　　　　　　　　　传统促销方法

广告		销售促进	公共关系	人员推销	直复营销
印刷品广告	翻牌广告	比赛、游戏	回扣	社区关系	记者报道	销售展示	电子购物
广播广告	广告牌	抽奖、奖券	招待会	游说	参考资料	销售会议	电视购物
外包装广告	POP广告	奖金、礼品	以旧换新	标识宣传	演讲	奖励	商品目录邮寄
随包装广告	招牌	样品	商店赠券	公司期刊研讨会	样品试用	电话营销	
电影广告	视听材料	交易会	搭配商品	活动事件	年度报告		
宣传手册		展览会		出版			
传单		演示		赞助			
企业名录		赠货券		慈善捐赠			

2. 数字营销方法

互联网、物联网、5G等信息技术使传统兼数字营销的方法逐渐取代了单一的传统促销方法。越来越多的企业依托信息技术实现了数字营销,利用数字营销手段将线下展示的内容转移到线上展示。常见的数字营销方法见表5-8。

表 5-8　　　　　　　　　　　　　数字营销方法

线上线下转移		源于 PC 端	移动终端	播客/拍客
到店	Wi-Fi 登录页面	搜索引擎 关键词	E-mail	微信公众号	声音
收到海报	扫码二维码		微博	二维码	图像
…	…	即时通信工具(IM)	企业网站	App	视频营销(网红)
…	…	QQ、MSN、淘宝旺旺	电子商务	位置营销(LBS 技术)	…

二、营销管理业务规范与流程

(一)价格管理相关业务

价格管理包括定价、调价、折扣、折让等业务工作。

大型连锁企业和中小微型连锁企业均有着各自不同的价格体系。

(1)产品/商品价格。大型连锁企业的销售渠道多,因此,其在价格体系上会针对不同销售渠道设置不同的产品/商品价格。中小微型连锁企业销售渠道以销售点/门店、电子商务形式为主,产品/商品的价格基本以零售价格为主。

(2)客户/会员价格。客户服务、客户关系管理在连锁企业运营管理中越来越重要。连锁企业在为客户/会员提供优质服务的同时,用价格吸引和留住客户/会员也是营销管理的必要手段。销售/营销部门通过分析运营数据,建立客户/会员价格体系。

(3)折扣价格体系。折扣定价的主要类型包括现金折扣、数量折扣、功能折扣、季节折扣、价格折让等。折扣定价策略在各类营销活动中被广泛应用,连锁企业在制定折扣与折让价格体系的时候需要考虑产品成本、运营费用、产品/商品的有效期与货架期、客户/会员的信誉与购买量等因素。

(4)品类价格体系。连锁企业通常会对本企业生产、销售的产品/商品实行价格线管理,不同品类的产品/商品有着不同的客户/会员,连锁企业多会结合季节更替、节日等契机对某一品牌品类、大类品类的产品/商品采用折扣定价策略,以让利优质客户/会员。连锁企业不断优化产品/商品价格战术,制定本企业的品类价格体系,提高品类的市场竞争力。

(5)调价。企业对产品/商品进行调价的原因很多,调价之后也会带来不同的市场反应。企业在调价之前,销售/营销部门必须做好有关消费者、竞争者的调研,制定调价策略,企业内部要对调价策略进行讨论。

【练习 5.2】 高价格低成本会带来高利润,囤积居奇或可满足一个人的发财梦,但这种做法在任何时候都可取吗?请举例说明你的观点。

价格管理不是一个部门的工作,是整个连锁企业的工作。销售/营销管理部门是价格管理的执行者,价格管理要遵守企业的价格管理制度、国家的相关法规,并按一定的业务流程制定销售价格。

(1)销售人员完成市场调查,接收并分析采购部、销售点/门店、电子商务、存货部门、生产部门、技术部门等相关部门提供的信息,做好价格管理的相关策略。

(2)销售/营销部门的主管/经理,对该方案进行审核,确定相关价类体系中相关产品/商品的销售目标价格,报企业财会部门审核。

(3)财会部门对上报的销售价格进行成本分析测算,若符合连锁企业要求,则报相关领导审批;若不符合企业要求,则返回销售/营销部门重新确定目标价格。

(4)目标价格通过审核、审批后,再由销售部门确定销售定价,销售人员将销售定价录入价类体系并下发至销售点/门店、电子商务、仓库等终端部门,让其执行企业价格策略。

思政园地

依法惩治疫情期间哄抬物价行为

新华社北京2020年3月8日电 题:疫情期间哄抬物价,要依法惩治!

新冠肺炎疫情防控期间,防疫物资用品成为市场"抢手货",也容易成为不法分子非法牟利的对象。最高检日前公布的典型案例中,犯罪嫌疑人大幅提高所经营的药房20余种疫情防护用品、药品价格并对公众销售,趁疫情防控之机牟取暴利。最终几名犯罪嫌疑人都受到了惩处。

案例

犯罪嫌疑人张某、贾某系天津市某大药房连锁公司的实际控制人,犯罪嫌疑人苏某、王某分别系该公司下属药店的店长。2020年1月21日,张某、贾某决定提高公司下属药店所售疫情防护用品、药品的价格,趁疫情防控之机牟取暴利,并通知各店长执行。

随后,该公司下属7家药店,大幅提高20余种疫情防护用品、药品的价格并对公众销售,其中将进价12元的口罩提价至128元,将疫情发生前售价2元的84消毒液提价至38元。从1月21日起至1月27日案发仅六天时间,非法经营额为100余万元,严重扰乱当地的防疫秩序。

1月27日,天津市公安局津南分局接到津南区市场监督管理局的线索后立案侦查,并于次日将犯罪嫌疑人张某等人抓获归案,并对犯罪嫌疑人张某、贾某、苏某、王某等4人刑事拘留。

2月24日,天津市公安局津南分局对张某、贾某、苏某、王某等4人提请批准逮捕。津南区检察院通过网络远程提讯系统讯问了4名犯罪嫌疑人。

经审查,张某等4人违反国家在预防、控制突发传染病疫情等灾害期间有关市场经营、价格管理等规定,哄抬物价、牟取暴利,严重扰乱市场秩序,情节严重,非法经营数额为一百余万元。当日,天津市津南区检察院决定对张某等4人以涉嫌非法经营罪批准逮捕。

连锁企业数据处理与信息管理

> **释法**
>
> 最高检有关部门负责人指出,在疫情防控期间,哄抬疫情防控急需物资或基本民生物品的价格牟取暴利,构成犯罪的,应当以非法经营罪定罪处罚。同时,随着疫情防控形势的变化,也要准确把握政策,统筹考虑稳定市场秩序与恢复市场活力,为复工复产提供司法保障。
>
> 资料来源:学习强国

在连锁企业总部的管理信息系统中有营销管理子系统,其通常会根据以上介绍的营销管理的业务、职能来相应设置定价、调价等业务模块,表 5-9 是根据工作职责描述编制的定价业务流程,表 5-10 是根据工作职责描述编制的调价业务流程。企业规模越大,越注重价格风险管理,提价和降价需要从战略角度做好布局,避免、减少价格波动带来的业绩波动、信誉影响。

表 5-9　　　　　　　　　　　定价业务流程

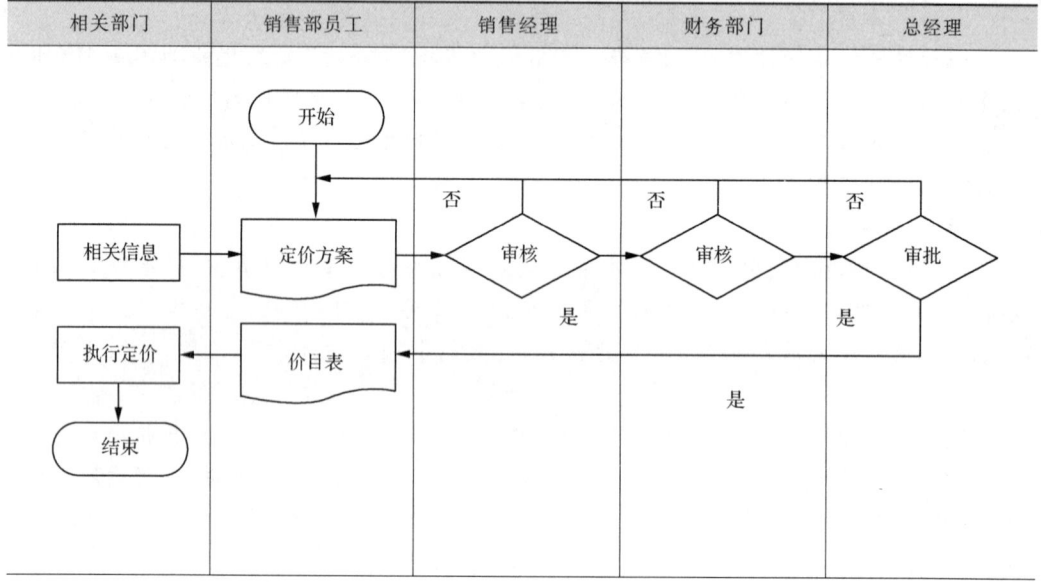

编制部门:销售/营销部

工作边界:工作开始于销售部收集各部门成本、价格相关信息,信息系统输入为定价方案;工作结束于价目表的执行,输出为价目表。

工作职责:

销售部员工完成定价方案的制订,经逐级审核、审批后完成价目表的编制与下发。

销售经理对定价方案审核无误后,报财务部进行核算审核。

财务部进行成本测算分析,若符合要求,则上报总经理审批。

总经理负责审批定价方案。

表 5-10　　　　　　　　　　　　调价业务流程

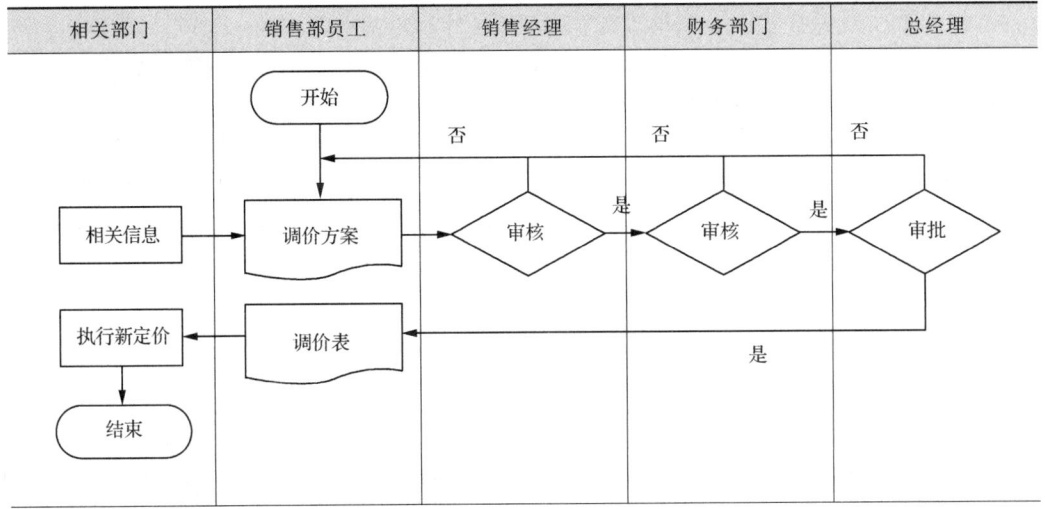

编制部门：销售/营销部

工作边界：工作开始于销售部收集各部门成本、价格相关信息，信息系统输入为调价方案；工作结束于调价表的执行，输出为调价表。

工作职责：

销售部员工完成调价方案的制订，经逐级审核、审批后完成调价表的编制与下发。

销售经理对调价方案审核无误后，报财务部进行核算审核。

财务部进行成本测算分析，若符合要求，则上报总经理审批。

总经理负责审批调价方案

(二)促销管理相关业务

从管理学的业务流程角度看促销，促销管理主要包括了促销计划的编制、促销计划的审核与审批、促销计划的执行、促销活动的总结与反馈等相关业务工作。

促销计划的编制是促销管理业务活动的开始，促销计划应明确促销的主题、目标、对象、时间、地点、促销组合、促销支出预算等相关内容。

自学：
如何策划促销活动才能成功打开顾客捂紧的钱袋

(1)促销计划编制的第一步是要明确促销目标。促销是为了促进销售、吸引新顾客、鼓励老顾客尝试新产品/商品。连锁企业销售/营销部门开展的每一次促销活动都要有明确的目标，如销售目标、客流目标、新品推介目标，并将促销活动目标分解下发到销售点/门店、电子商务。

(2)促销计划编制的第二步是要做好促销方式的选择。配合促销目标做好促销方式的选择，同时要明确：不同的销售点/门店、电商商务对应不同的消费群体，采用的促销方式也不能同一而论；促销的前、中、后不同阶段，发挥着不同的作用、实现不同的目标，采用的促销方式也不同；连锁企业数字化管理水平处在不同的程度、阶段，采用的数字营销方式也不同。连锁企业销售/营销部门要依托本企业现有数字化水平、促销目标，完成促销方式的选择，形成多个可行促销方案，促销方案要促使消费者从了解商品、产生信任到做出购买决定。

（3）促销计划编制的第三步是要做好促销活动的支出预算。促销计划贯穿连锁企业全年的运营当中，为保证促销目标的实现，连锁企业要进行资源的投入，编制促销计划的销售/营销人员要做好支出预算工作。

（4）销售/营销人员编制的促销计划要经过层层审核、审批。促销计划经销售/营销部门主管审核、部门经理审批后，转到财会部门，由财会部门的工作人员做好支出预算的分析、审核、审批工作。金额大的促销活动计划需要连锁企业经理或更高层级的领导审批。

（5）促销计划经审批通过后进入执行阶段。销售/营销部的相关工作人员对促销计划进行分解，将相关促销信息转给采购部、财会部门、销售点/门店、电子商务等相关部门。其中转给销售点/门店的信息要明确促销目标、促销时间、促销方式、促销商品、促销对象等内容。

（6）阶段促销活动结束之后要进行总结与反馈。促销活动期间的销售数据反映了促销活动的效果，销售点/门店、电子商务等销售终端和销售/营销部门要做好总结工作，连锁企业要做好总结、分析、反馈工作。

不同连锁企业的促销管理业务流程不尽相同，表5-11为按工作职责描述编制的促销管理业务流程。

表 5-11　　　　　　　　　　促销管理业务流程

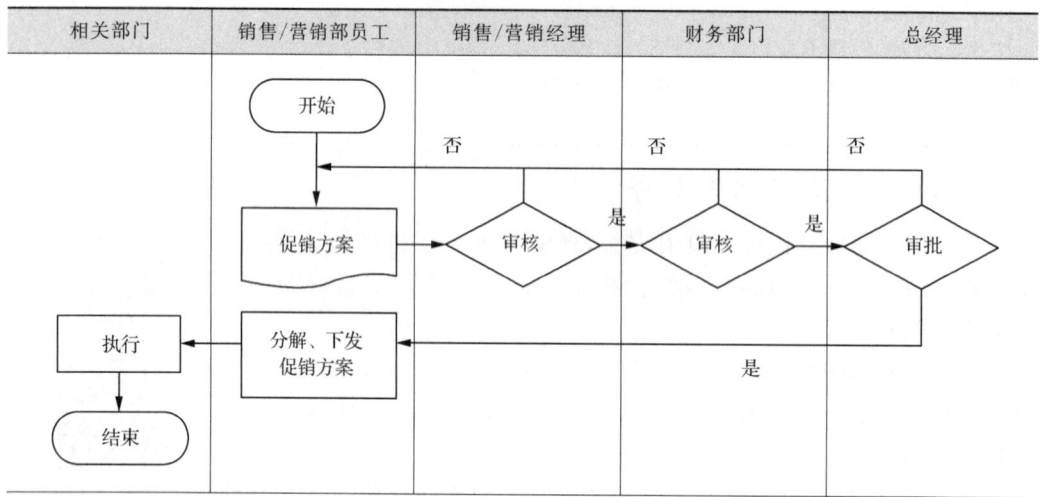

编制部门：销售/营销部
工作边界：工作开始于销售/营销部门制订促销方案，信息系统输入为促销方案；工作结束于促销方案的执行，信息系统输出为各个相关部门的促销执行方案。
工作职责：
销售部员工完成促销管理方案的制订，经逐级审核、审批后完成促销方案的录入，并按部门分解下发。
销售经理对促销管理方案审核无误后，报财务部。
财务部进行成本测算分析，若符合要求，则上报总经理审批。
总经理负责促销方案的审批。

三、前台 POS 收银系统

POS是英文 Point of Sales 的缩写，中文称之为"时点销售情报系统"，其指利用前台的收银设备及前台收银系统,将每一笔销售的商品资料详细记录下来并传输到后台,经过资料转换后可供后台系统做各项销售分析。

前台POS收银系统属于销售与营销管理子系统的一部分,是销售与营销相关业务的终端执行。

1. 前台POS收银系统的功能

虽然各种连锁零售企业的前台管理系统千差万别,但其软件功能都应满足基本销售和管理的相关要求,其包含单品销售、捆绑销售、前台改价、电子秤商品、会员处理、折扣处理、优惠处理、促销处理、挂起解挂处理、退货处理、打印等功能,还包括销售日统计、资料更新功能,以及资料备份、安全处理等基础资料维护的功能。

2. 前台POS收银系统常见问题处理

网络状态是指现网络是否联网。联网时,后台信息若有变更,可自动下传数据或通过手动数据更新下传数据,联网可保证前后台销售数据的一致性。脱网时,前台启动本地销售系统,此时即使后台有信息变更,前台也不会有任何反应,系统管理员在网络正常后重新启动计算机。在一天的数据结转处理前,需保证网络正常,且不存在未联网数据。若网络不正常,可能是HUB未打开,也可能是网卡的问题,也可能是网络没有连接好。

打印状态是指在设有打印机的条件下,可进行打印和不打印状态的切换。交易时若没有打印出小票,其原因可能如下:打印机电缆没有安装好;电源没有开;打印状态为不打印;未联机。

任务实施

通过以上理论知识的学习,将你认为可实施的促销方案录入美萍商业进销存管理系统。

巩固练习

以父亲节为主题,制订一个促销方案,方案中必须明确以下内容:
(1)促销主题
(2)促销时间
(3)促销门店和区域
(4)促销商品(5种以上)
(5)促销方法(两种以上)
根据父亲节促销方案完成以下操作:
1. 事务管理系统的实训操作
将促销方案中的数据数字化,录入信息系统。
2. 管理信息系统的实训操作
将促销方案数字化,利用管理信息系统制订促销方案,下发到指定门店和区域。
绘制管理信息系统调价业务流程。

利用POS端执行促销方案。

3. 决策支持系统的实训操作

很多中小型企业为适应管理与发展的需要,在管理信息系统的选择上,从最初的单纯的事务管理系统发展为管理信息系统。结合本章理论知识的学习,梳理销售管理、营销管理、采购管理、仓储管理等业务流程,制订促销方案、会员管理方案、价格与折扣管理方案、采购方案。

任务三　采购管理流程梳理与子系统操作

任务描述

小明的企业新引进了一名架构师,负责企业全面信息化工作。现企业的采购部结合本部门的业务规范明确了采购流程再造的相关工作:

(1)明确了工作边界。工作开始于采购部采购员汇总、分析各个配送中心上报的请购申请,信息系统输入为采购订单;工作结束于采购订单发给供应商,信息系统输出为采购订单。

(2)明确了工作职责。采购员负责完成请购申请的汇总、计算分析,并做出判断,制定采购订单。采购经理负责采购订单的审批。

根据以上的描述,假如你是那名架构师,你能指导采购部完成采购订货业务流程绘制吗?

任务分析

架构师与企业的各部门紧密配合,梳理、再造企业流程,让企业的业务流程、管理流程更加规范,并通过内部控制实现企业风险控制。作为一名高职新商科专业的学生,应掌握流程图绘制的基础知识,能够依据采购员工的工作职责与边界,绘制出本企业的采购管理相关业务流程图,与架构师配合,完成企业采购管理流程的梳理、再造,完成采购管理子系统的开发、定制、升级。

相关知识

企业的采购管理以库存采购管理、供应链协调的及时采购理论和快速反应采购系统、逆向拍卖的专业采购管理理论为基础,以这些理论为指导思想,形成了适应不同企业的采购管理子系统。

一、采购管理相关知识

本部分主要介绍支撑采购管理子系统事务管理系统层面的采购原则和采购方式。

1. 采购原则

采购一般有以下五个原则：

（1）合适的价格。大量采购与少量采购以及长期采购与短期采购，价格往往有较大的差别。连锁企业可先向供应商多渠道询价，收集全部数据之后比较各自的优势劣势，再结合自己的估算价格，最后与有合作意向的供应商谈判议价，确定一个合理的进货价格，为企业节约成本。

（2）合适的时间。合适的时间包括两方面内容，即合适的落单时间和合适的交货时间。落单时间是指双方正式签署购销合同的时间。连锁企业要对商品供应市场的价格波动有充分的认识，对季节性波动及周期性波动应特别注意，最好能在价格低谷时落单购货。执行此项工作需要有足够的信息资料、分析技巧、良好的经验以及谈判议价技巧等。除此之外，连锁企业还要考虑供应商由接到订单至正式交货所需的时间（购货所需时间），以及现有库存量（总部配送中心和门店）能否保证购货所需时间内的正常销售。

（3）合适的质量。采购商品的成本是直接的成本，每个公司的领导层都非常重视，而品质成本是间接的成本，因此往往就被许多公司领导层忽略了。"价廉物美"才是最佳的选择，偏重任何一头都会造成最终产品成本的增加。

（4）合适的数量。采购量多，价格就便宜，但不是采购越多越好。资金的周转率、仓库储存的成本会直接影响采购总成本，因此连锁企业应根据资金的周转率、库存成本等影响因素综合计算出最佳经济采购量。

（5）合适的地点。合适的地点也就是常说的货源。如供应商距离自己公司越近，运输费用就越低，机动性就越高，协调沟通就越方便，成本自然就越低；反之，成本就会高。

2. 采购方式

按采购方式的不同，采购分为直接采购、间接采购、外部采购、合作采购。

直接采购是指不经过任何中间商，连锁企业的采购部门直接向制造商进行采购的一种方式。这是连锁企业最重要的采购方式。这种采购方式的优点是成本低、安全性好，交货确定、售后服务好，有利于建立长期供需关系。不过这种采购方式也有一定的局限性：制造商通常只接受数额可观的大额订单，直接采购者如果采购的数量有限，则无法进行采购；而且由于直接采购的量值很大，有时制造商会要求预付定金或进行担保，交易过程复杂。

间接采购是指连锁企业不直接向制造商采购，而是通过中间商（批发商、代理商以及经纪人等）采购商品。连锁企业间接有时也要进行间接采购，因为许多中小制造商大多会选择一个总代理商销售其产品，而且许多国外产品进入他国市场也要靠代理商进行推销。

外部采购是指由连锁企业支付一笔费用委托外部公司或人员进行采购的一种方式。

合作采购是指几个连锁企业为了取得规模采购优势而汇聚在一起向供应商大批量采购的方式。

按与供应商交易的方式不同，采购分为买断采购、代销采购和联营采购。

买断采购是指连锁企业在计算机系统中记录详细的供应商及商品信息,结账时,在双方认可的购销合同中规定的账期(付款天数)到期后最近的一个"付款日",准时按双方进货时所认可的商品进价及收货数量付款给供应商。通常情况下,连锁企业的绝大部分商品均以买断方式进货,换货、退货是不存在的。

代销采购是指连锁企业在计算机系统中记录详细的供应商及商品信息,在每月的付款日准时按"当期"的销售数量及双方进货时所认可的商品进价付款给供应商。连锁企业中有极少部分商品是通过此种方式进行采购的,卖不完的货可以退货或换货。代销商品的库存清点差异通常是由供应商来承担的。

联营采购是指连锁企业在计算机系统中记录详细的供应商信息,但不记录详细的商品进货信息。在结账时,连锁企业财务部在双方认可的购销合同中规定的付款日,在"当期"商品销售总金额中扣除双方认可的"提成比例"金额后,准时付款给供应商。连锁企业中也有少部分商品是通过此种方式进行采购的,如服装、鞋帽、散装糖果、炒货等。这种方式下商品的"退换货"及"库存清点"的差异都是由供应商来承担的。

【练习5.3】新零售、旧零售都要把东西卖出去,结合思政园地中的报道,谈谈你对采购的看法。

思政园地

数字化采购

2020-07-15 来源:中国日报网

中国电子信息产业发展研究院和中国国际电子商务中心联合发布的最新报告指出,随着企业在抗击新冠肺炎的同时加快数字化转型,预计今年国内企业在数字化服务和产品方面的支出将首次超过一万亿元大关。去年,企业数字化采购市场规模达5900亿元,同比增长64%。

【知识点】

随着大数据、云计算、物联网、区块链及人工智能等新技术飞速发展,数字经济时代加快到来,企业采购正加速由单纯的线上采购行为拓展至采购管理、供应链服务乃至全产业链服务,以全流程、全链条数字化为主导的采购服务链正在向价值链延伸,企业电子商务采购加速进入数字化采购阶段。

新冠肺炎疫情加速了企业数字化转型步伐,需求侧数字化加速向供给侧拓展,电子商务的驱动机制由渠道驱动向数据驱动转变。疫情将引发全球各行各业对供应链体系抗风险能力的反思和调整,由于数字化采购推动的数字化供应链体系反应更为高效、组成更加多元,韧性更强,下一阶段智能化供应链更能实现供给和需求的无缝对接,倒逼产业链上游企业加快数字化转型,促进传统产业从研发设计、生产销售、采购分销、物流配送等全产业链数字化协同和智能响应,推动产业数字化时代加快到来。

【重要讲话】

加快推进数字经济、智能制造、生命健康、新材料等战略性新兴产业,形成更多新的增长点、增长极。

——2020年5月23日,习近平在看望参加全国政协十三届三次会议的经济界委员并参加联组会时发表的重要讲话

【函电贺词】

中国高度重视发展数字经济,在创新、协调、绿色、开放、共享的新发展理念指引下,中国正积极推进数字产业化、产业数字化,引导数字经济和实体经济深度融合,推动经济高质量发展。

——2019年10月11日,习近平向2019中国国际数字经济博览会致贺信

资料来源:学习强国

河北:全球采购促进消费升级

2019-11-07 来源:河北学习平台 作者:曹智

来自地中海、仅用三天时间就运到展馆的蓝鳍金枪鱼,时隔18年重返中国市场的法国优质牛肉,来自非洲的辣椒和腰果,可以"量肤定制"的升级版3D打印面膜、智慧美容仪,全球第一套新生儿血液透析系统……11月5日,第二届中国国际进口博览会(以下简称进博会)在上海开幕,来自全球的新商品、新技术集中亮相,让人耳目一新,再度为河北省推进消费升级吹进新风。

拓传统、增热点,以优质供给满足百姓消费需求

"我们正准备参加全球新品发布仪式,请问您知道活动举办的准确时间吗?"11月5日,在去上海的路上,稻香村食品集团(香河)有限公司采购经理张建光,急切地用电话询问进博会工作人员。

进博会吉祥物"进宝"扮靓上海街头。

河北日报客户端记者 张昊 摄

张建光告诉记者,他所在的公司专门从事糕点、面包等食品的加工生产。这次来进博会,想寻求新的战略合作伙伴,引进国际上更多优质的食品原材料。因为很多企业都想在进博会举办新品发布活动,他关注的几家企业也在其中,这是一个难得的采购机会。

拿起一份来自马来西亚的食品,霸州市津恺食品有限公司的朱勃宇,专注地研究起它的各种配料成分。"我们希望通过进博会了解国际上最流行的产品口味,通过和国外企业合作,打造新一代的网红食品。"朱勃宇说。

一床特殊材料制作的羽绒被标价80多万元人民币,首届进博会最夺人眼球的钻石鞋推出了升级版,美容液能够根据个人情况进行专门定制……在进博会品质生活馆,鸡泽县彩纺纺织品有限公司负责人史建强有点目不暇接。他表示,将争取与国际上知名企业合作,引进最新的技术、理念,打造适销对路的纺织产品。

北国商城股份有限公司超市事业部进口采购经理朱峰,去年就参加了进博会,这次他想把贸易的触角伸向更远。"在做好进口东南亚等地食品的同时,将更多关注人们日常生活的其他产品。进博会上发现了很多适合的产品,准备进一步深入接洽。"朱峰说。

省商务厅相关负责人表示,希望借助于进博会的平台,河北省企业能够把握住当下消费升级的需求,拓传统、增热点,以优质供给激活消费潜力,让老百姓买得舒心、吃(用)得放心。

让全球领先的技术理念加速融入百姓生活

"消费升级,我认为体现最明显的应该是医疗、健康等领域。很多国外厂商也意识到了这一点。我了解到,这个展馆是企业商业展中最早满馆的。"在医疗器械及医药保健展区,三河市燕达金色年华健康养护中心采购部门负责人王金瑞,指着各种先进的医疗设备说。

今年新增的养老板块更是吸引了他的注意。"香港胜记仓集团带来了防止摔倒撞伤的地板、骨传导助听耳机等新型健康养护产品,这些产品都非常实用,在康养领域很受欢迎。"王金瑞说。

11月5日,观众与进博会明星展品——机器人Roboy互动。该机器人集成了3D打印、语音识别等技术,并拥有自己的"神经系统",会对话、会脸红,还会拥抱,进博会期间,它还会收集参观者的自拍。

河北日报客户端记者 张昊 摄

记者注意到,在该展区,参观者多是医疗、养老行业的专业人士。各种新产品鳞次栉比,一些产品的名称甚至是首次听说。

"这是全球第一套新生儿血液透析系统,它能改变高血压治疗现状,也能持续监测血糖水平……"在美国美敦力公司展台,工作人员介绍,他们带来近50种先进医疗科技产品,体现了智能化、早诊早治、微创治疗和远程医疗等国际医疗发展趋势,覆盖智慧外科、神经脊柱手术、心脏及血管手术、手术监护与恢复以及慢性病管理等领域。

"依托一系列政策和机制创新,进博会释放出巨大的溢出效应,为海内外客商创造了更多机遇,也为中国老百姓带来实实在在的幸福感。"邯郸市中心医院负责人李军强说。

进博会上,与日常生活相关的新技术受到年轻人的追捧。

在德国物流企业DHL展台,该企业发布的智能无人机物流解决方案颇为吸引眼球。该企业相关负责人表示,这个方案的发布标志着DHL成为在华首个推出市区无人机配送服务航线的国际快递公司,它能降低80%的运营成本,单程派送时间也从40分钟缩短至8分钟。

只需将商品放入自助式收银台的篮筐内，系统便可完成自动识别和支付，无须再一件件地手动扫描商品二维码。这是体育用品零售商迪卡侬带来的一款智能收银系统，它一亮相，就受到了很多参观者关注。

河北省参会企业代表纷纷表示，本届进博会上很多新产品新技术新服务"全球首发、中国首展"，专（业）精（品）尖（端）特（色）产品荟萃，让他们开了眼界，长了知识。他们将致力于把这些全球领先的技术、理念加速融入河北百姓生活中，努力提升群众生活品质，促进百姓消费提档升级。

转变经营模式，不断满足百姓消费升级新需求

进博会上，先进企业的经营理念更成为河北省企业取经的一个重点。

"改变单一的生产模式，进化成服务型企业是我们的战略目标。我们要以这些国际大企业为对标对象，也希望能够和他们深入合作交流。"在以"科技，改变生活"为主题的科技生活展区，邯郸市阳光三联电器有限公司负责人杨献国表示。

11月5日，观众在进博会科技生活展区体验VR游戏。据了解，AR和VR人工智能机器人板块是今年新设区域，现场专门设置了体验区，观众可以用AR、VR等虚拟设备看电影、玩游戏等。

河北日报客户端记者 张昊 摄

记者看到，该展区分为综合电子及家电、AR和VR人工智能机器人、解决方案、消费电子及智慧生活、健康科技及汽车电子等板块，汇聚了160多家参展企业。三星、松下、博世、3M等行业巨头占据了显著位置。

"百姓的消费升级不仅体现在产品和服务上，也体现在很多产品和服务的融合方面。我们希望在在线娱乐、智慧家居等方面实现突破。进博会的平台让我们看到了前进方向。"杨献国说。

"去年进博会结束后，我们把很多进博会上的商品运回河北销售，市场反应非常好。"河北泰通物流有限公司董事长楚轩表示，作为物流企业，他们希望不断延伸业务链，搭建更广阔的贸易信息平台。

楚轩注意到，本届进博会举行前，新一批18家企业成为进博会"6天+365天"交易服务平台，连同首届进博会前授牌的31家企业，对接进博会的交易服务平台达到49家。

"进博会结束后，还会有很多进博会带来的商机。我们希望能够抓住这些机会，借鉴'6天+365天'的经营理念，助力河北商贸、物流企业构建常态化的进博会物流通道，让进博会的优质产品更多地出现在河北市场上，推动企业转型升级，更好地满足百姓消费升级新需求。"楚轩说。

资料来源：学习强国

二、采购管理业务规范

大型连锁企业的采购部门应当遵照《企业内部控制规范》完成其部门职能、岗位职责设置。中小微企业人员少,无法完整遵照《企业内部控制规范》,但也应遵循不相容岗位相分离原则,保证采购与付款业务不同岗不同人。不相容岗位具体包括:请购与审批;询价与确定供应商;采购合同订立与审核;采购、验收与相关会计记录;付款的申请、审批与执行。采购管理中应遵循或参考《企业内部控制规范》,完成岗位职责、业务工作的设定和梳理。

1. 请购、审批

不同连锁企业对企业资源归属有不同的要求。如,商品归属配送中心、销售点/门店;固定资产归属使用部门、资产管理处。企业资源归属于哪个部门,相应的部门就有对该资源使用和管理的职责。

在连锁零售企业采购管理中,销售点/门店属于需求提出部门,负责提出商品需求申请;配送中心属于请购部门,负责提出采购需求申请。

在生产制造企业的采购管理中,生产部门也是需求提出部门,负责提出生产所需物料的需求申请;存货部门属于请购部门,负责提出采购需求申请。

需求的提出涉及资金的使用预算,为了增强连锁企业的内部控制与风险管理,连锁企业会根据资金的多少,对具有请购权的部门设置相应的审核和审批的权限,与此同时请购需求中的数量要合理。请购部门相关人员将签批后的请购单送达采购部,由采购员完成合同订立或订单的发出。

2. 采购计划制订

采购计划是采购环节的第一步,采购计划对于连锁企业乃至任何一个企业都具有特殊的意义,它可以让采购部门了解企业未来对物料、设备、服务的长期需求,让采购部门了解连锁企业未来的商品销售情况。

请购申请、销售预测、供应商等信息进入采购部后,采购部相关员工结合企业内外部信息完成采购计划的编制。

采购决策需要根据采购预算金额的多少设置采购审核和审批权限,采购审核和审批人员一般会涉及采购部门主管、经理,财务部门主管、经理、总监,总经理。

采购计划经编制、审核、审批流程确定下来后,采购计划的制订才算完成。

3. 询价与供应商确定

采购管理与供应商管理是分不开的,做好供应商管理是做好采购管理的基础。连锁企业要想明确所要采购的企业资源,就要去了解资源市场,做好相关供应商的调查工作;依据调研的供应商、资源市场情况,做好供应商的开发与选择工作。选择供应商之后,供应商管理工作仍没有结束,连锁企业在与供应商的合作过程中,还要加强对供应商的评估考核，评估考核其资源质量情况、交货期（如交货准时率）、交货量（如按时交货量）、工作质量（如交货差错率、交货破损率）、价格、退货费用水平、信用度、配合度等指标，根据指标完成情况或加强、或控制、或结束合作关系。

4. 采购合同的订立与审核

采购人员必须审查供应商的法人资格、法人能力、资信、履约能力；必须按照合同法的要求逐条订立采购合同的各项必备条款；合同文本最好由法律顾问或法务部门进行审核。

订立好的采购合同应根据采购金额的不同由不同层级的管理人员进行审核和审批。采购部门的审核、审批人员可以是采购主管、采购经理，财务部门的审核、审批人员可以是财务主管、财务经理、财务总监，金额巨大时，可以由连锁企业主要负责人审批，如经理、总经理。

5. 采购合同的签订

采购谈判成功后，连锁企业经审核、审批后的合同文本可用于与供应商签订采购合同。负责谈判的人员要在采购合同上签字认可，并加盖公章或合同专用章。大中型连锁企业应制定相应的公章管理制度，小微型连锁企业在公章管理方面也应遵守内部控制规范。

并不是所有的情况都需要签订采购合同，小规模采购可以即时货款两清。

采购合同一般一式四份，一份交供应商、一份交采购部门专人保管用以负责合同执行、一份交会计部门用以监督合同执行，一份交仓库保管部门用以在验收货物时与发票核对。

6. 订货单的发出

在供应商与连锁企业之间有购销合同的情况下，采购员在接到请购单后，汇总、分析数据并填写或生成订货单，按订货单涉及金额上报，经审核、审批后发给供应商。在没有购销合同的情况下，采购员需要对请购单进行汇总、分析，编制采购计划、进行市场询价、确定供应商、与供应商谈判、签订合同，最后发出订单。

7. 采购验收

连锁企业的采购验收由配送中心完成。验收入库人员不得是请购人员、采购或财会部门的工作人员。验收入库人员应根据请购单、发票及合同规定的质量、规格、数量以及有关质量鉴定书等技术资料核查收到的货物，确认无误后签字并填写入库单，发现问题及时按流程上报，按批复意见进行下一步操作。入库单、购销合同、请购单核对后需由专人归档备案。

8. 付款

供应商提供的货物验收入库后，可由财会部门或采购部门完成付款工作。一般情况下，采购部门将发票传递给财会部门，由财会部门根据审核后的发票、运费单、代扣代收税款凭据、质检部门出具的验收单、存货部门开具的入库单以及其他有关凭证，并核对合同规定的付款条件和发货情况,确认无误后,经连锁企业相关层级工作人员审核、审批后向供应商办理结算,并做相应的采购与付款的账务处理。

三、采购管理业务流程

连锁企业总部的管理信息系统中的采购管理子系统,通常会对应以上介绍的采购管理的业务、职能设置请购业务、订货业务、到货业务、采购发票、采购结算等业务模块。企业规模越大,就会越注重采购风险管理,其业务流程就越规范。企业规模不同、业态不同、类型不同,各业务的名称以及对应所需单据的名称也各有不同,学生不可局限于教材中所介绍的内容。

1. 请购业务流程

参照工作职责的描述与工作边界的界定,可绘制请购业务流程,具体详见表 5-12。

表 5-12　　　　　　　　　　　请购业务流程

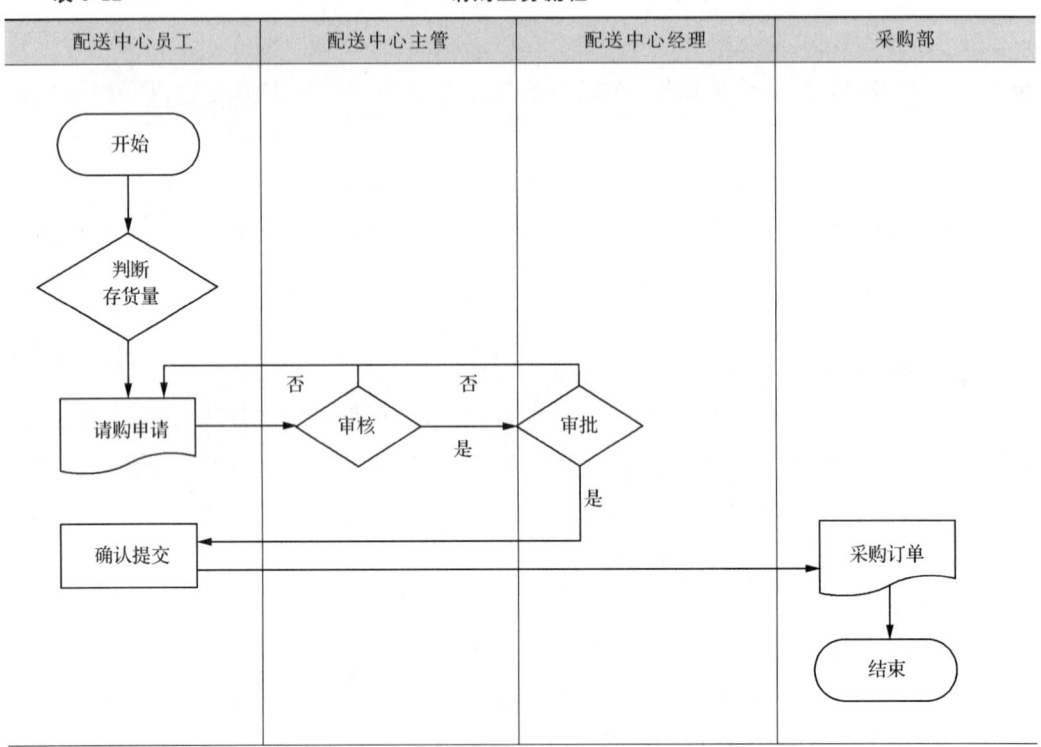

编制部门:采购部

工作边界:工作开始于配送中心对存货量的分析,信息系统输入为请购申请;工作结束于采购订单的发出,信息系统输出为采购订单。

工作职责:

配送中心负责员工完成存货量分析,提出请购申请,审核、审批后提交采购部。

配送中心相关货物组主管完成请购申请的审核工作。

配送中心经理完成请购申请的审批工作

2. 采购计划业务流程

参照工作职责的描述与工作边界的界定,可绘制采购计划业务流程,具体详见表 5-13。

表 5-13　　　　　　　　　　　　采购计划业务流程

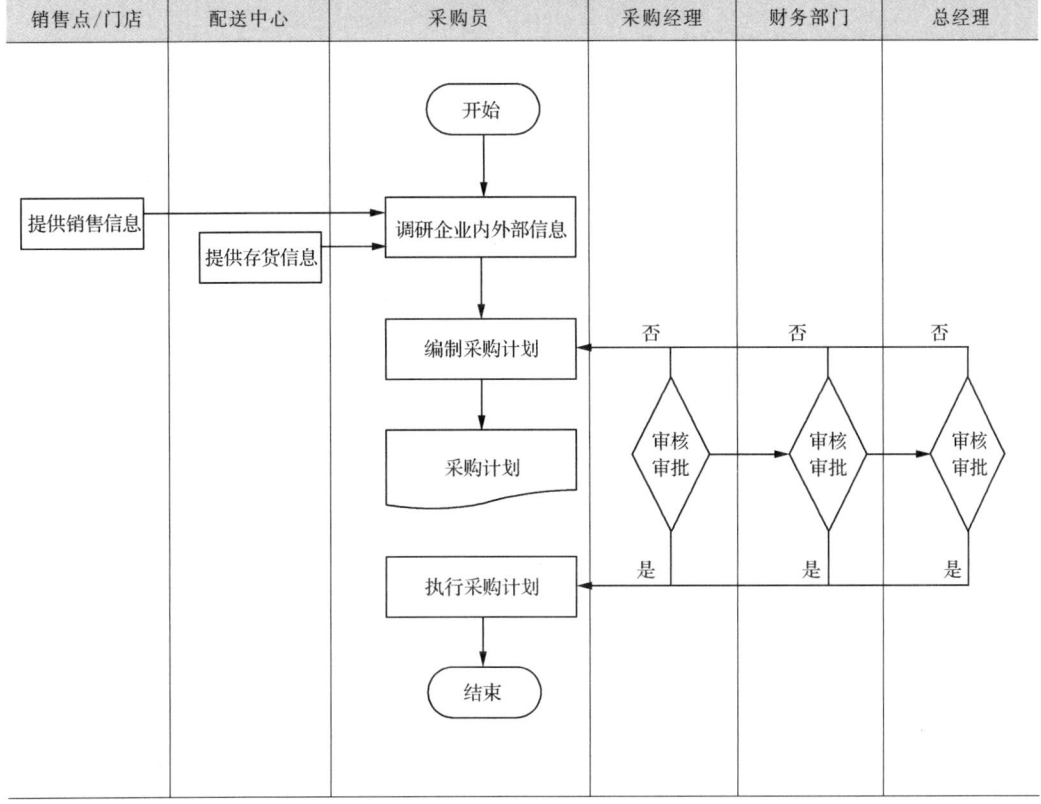

编制部门:采购部

工作边界:工作开始于采购部编制采购计划,信息系统输入为待审核、审批的采购计划;工作结束于采购计划的执行,信息系统输出为审批后的采购计划。

工作职责:

采购员 1 负责完成要采购商品的企业内外部信息的收集、调研、分析,编制采购计划。

采购员 2 负责采购计划的执行。

采购经理负责权限内的小额采购计划审批,负责权限外采购计划的审核。

财务部负责采购计划中相关指标的分析审核,权限内的直接审批。

总经理负责重大采购计划的审批。

3. 采购询价业务流程

参照工作职责的描述与工作边界的界定,可绘制采购询价业务流程,具体详见表 5-14。

表 5-14　　　　　　　　　　　采购询价业务流程

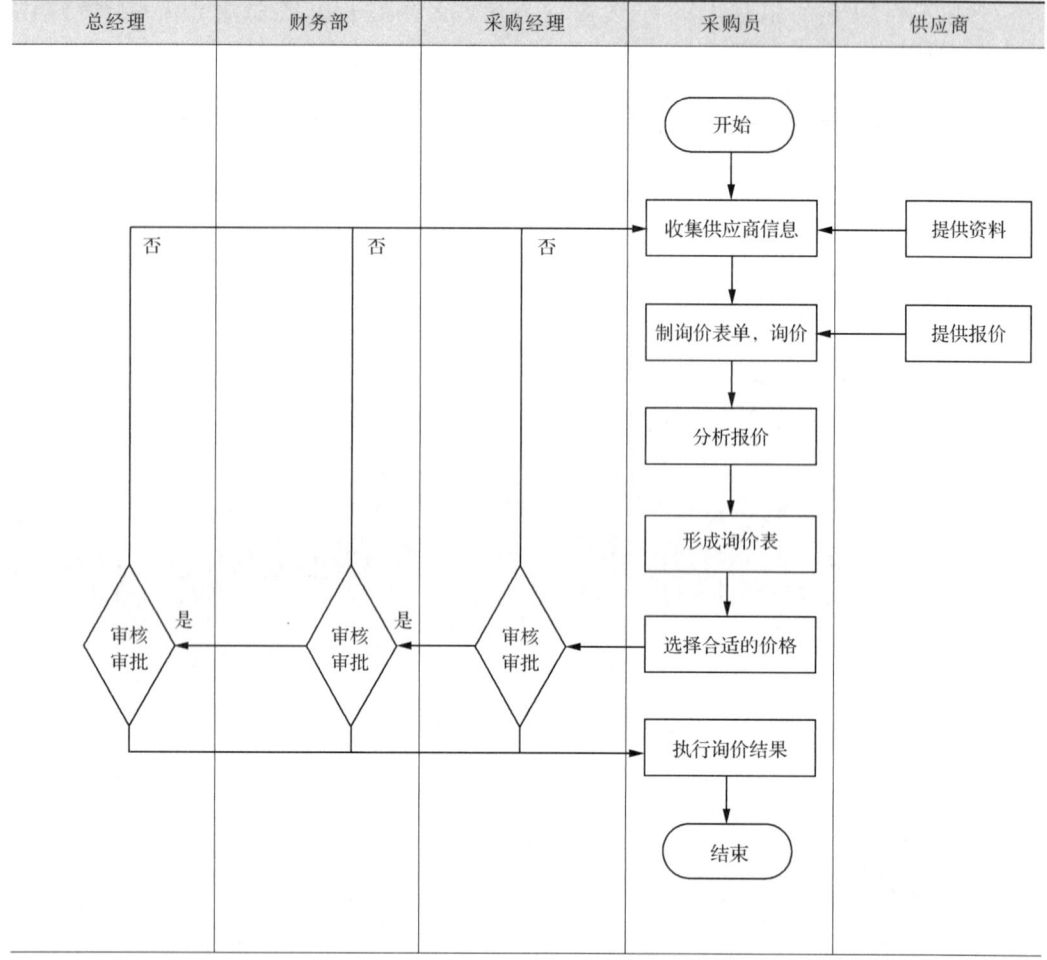

编制部门：采购部

工作边界：工作开始于采购部搜集供应商信息，信息系统输入为询价表；工作结束于询价结果的执行，信息系统输出为审批后的询价报告。

工作职责：
采购员 1 负责完成要采购商品的供应商信息的收集、调研、分析，形成供应商商品询价表。
采购员 2 负责按询价报告进行采购。
采购经理负责权限内的小额采购计划询价的审批，负责权限外采购计划询价的审核。
财务部负责采购询价中相关指标的分析审核，权限内的直接审批。
总经理负责重大采购计划询价的审批

4. 采购计划业务流程

参照工作职责的描述与工作边界的界定，可绘制采购合同与供应商管理业务流程，具体详见表 5-15。

表 5-15　　　　　　　　　采购合同与供应商管理业务流程

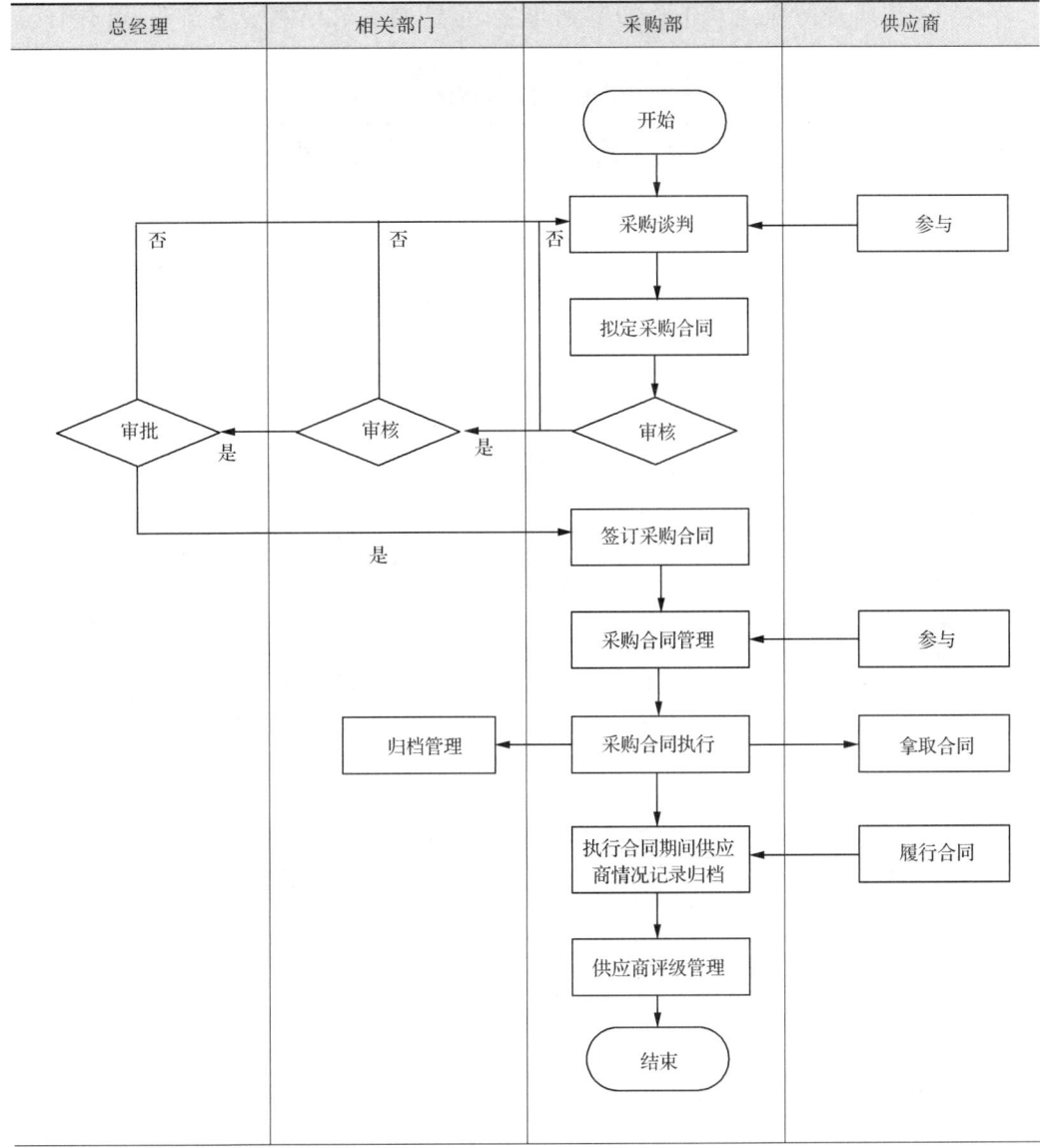

编制部门：采购部
工作边界：工作开始于采购谈判，信息系统输入为初步拟定的采购合同；采购合同管理工作结束于采购合同的具体执行，供应商管理结束于供应商评级管理，信息系统输出分别为采购合同档案、供应商评级档案。
工作职责：
采购部负责采购合同的拟定、采购谈判、采购合同的执行、供应商的跟踪管理、供应商的评级管理。但采购合同的拟定、谈判、执行分别由采购部的不同工作人员负责。
法务部门负责采购合同条款的审核。
档案管理部门负责采购合同签订后的合同档案管理工作。
总经理负责采购合同的审批。

5. 采购结算业务流程

参照工作职责的描述与工作边界的界定,可绘制采购结算业务流程,具体详见表 5-16。

表 5-16　　　　　　　　　　　　　采购结算业务流程

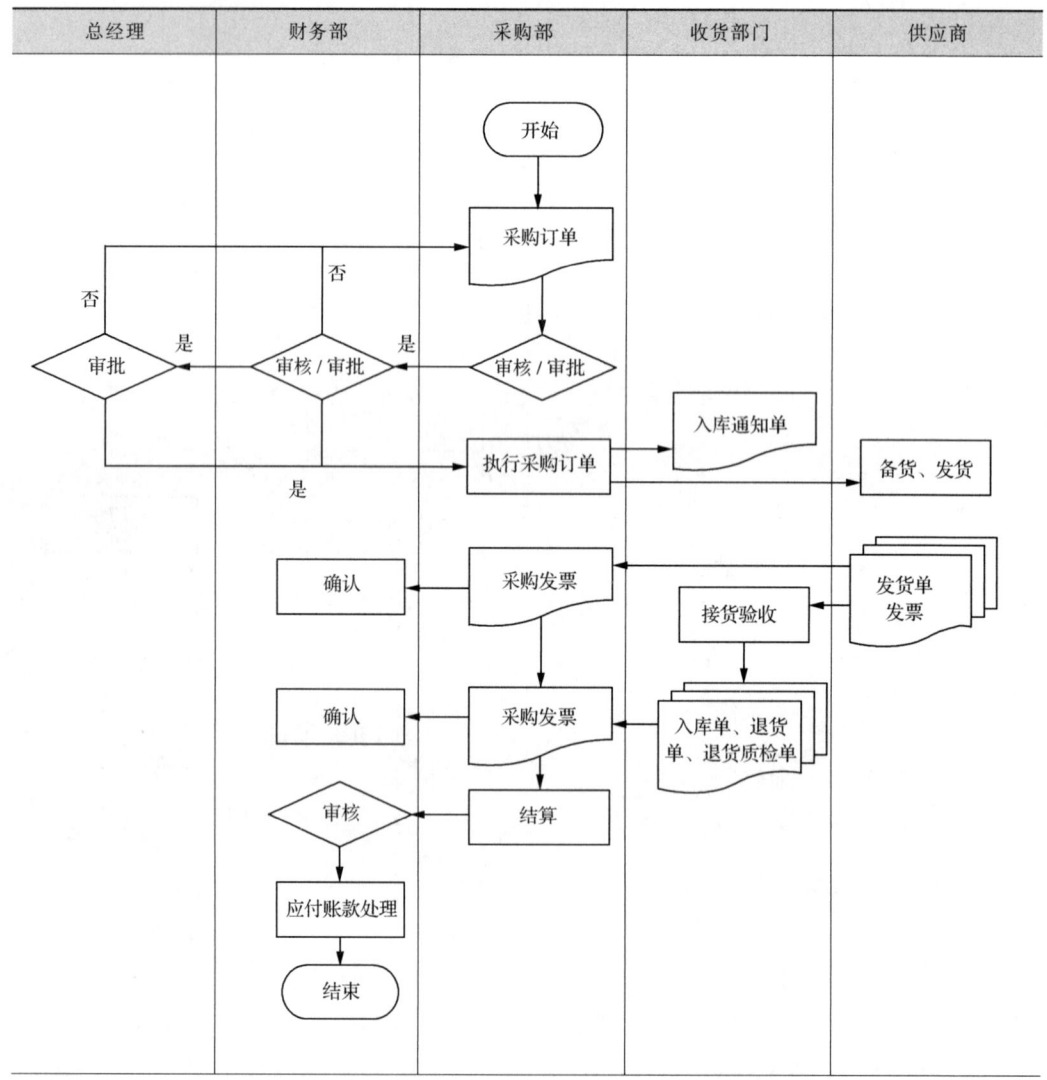

编制部门:采购部

工作边界:工作开始于采购订单的确认,信息系统输入为采购订单;工作结束于应付账款的处理完成,信息输出为各种财务单证。

工作职责:

采购部负责采购订单的制定,并完成职权范围内的审核、审批,负责采购订单的执行。

收货部门(仓库、配送中心、门店)负责接货验收工作,处理各种货物相关单证,并传递给财务部门、采购部门。

财务部门负责采购发票的审核以及付款结算工作、应付账款的处理。

任务实施

根据任务描述的工作边界、职责,绘制采购业务流程的流程图。

巩固练习

1. 事务管理系统的实训操作

采购管理信息子系统的实训操作。

2. 管理信息系统的实训操作

按规则完成采购管理信息子系统的实训操作,并绘制实训软件配套的相关业务流程图。

3. 决策支持系统的实训操作

结合表5-17商品销售情况统计,进行管理分析,做出采购决策。

表 5-17　　　　　　　　　　商品销售情况统计表

大类名称	销售额(元)	销售占比(该商品销售额/总销售额)(%)	促销销售额(元)	促销占比(该商品促销销售额/该商品总销售额)(%)
休闲食品	1 831 879.26	5.31	704 349.65	38.45
粮油调料	1 379 982.14	4.00	878 945.02	63.69
烟酒饮料	2 986 723.60	8.66	569 425.17	19.07
日用品	2 877 558.26	8.34	606 723.12	21.08
饰物	899 467.65	2.61	520 425.16	57.86

任务四　仓储管理业务流程梳理与子系统操作

任务描述

小明的企业新引进了一名架构师,负责企业全面信息化工作。现企业的配送中心结合本部门的业务规范明确了在库上架流程的相关工作:

(1)明确了工作边界。工作开始于在库存储方案的编制,信息系统输入为上架单;工作结束于上架作业的完成,信息系统输出为上架单。

(2)明确了工作职责。基层员工完成在库存储方案的编制,完成上架单的输入生成、输出打印,按照上架单完成上架作业。主管领导完成在库存储方案的审批。

根据以上的描述,假如你是那名架构师,你能指导配送中心完成在库上架的流程绘制吗?

任务分析

连锁企业的仓储部门主要包括配送中心、门店仓库、前置仓。对这些部门的管理所运用的都是仓储管理的相关理论。高职新商科专业的学生要学习这些理论,结合企业实际,能够与软件架构师配合做好仓储部门的流程梳理与再造工作。

相关知识

存货部门的主要职能是完成事务层面的入库、在库、出库的作业操作;确定管理、决策层面的产品/商品库存量,存货部门、销售部门、采购部门、生产部门互相配合、协同完成库存管理。

库存管理主要是对在库货物的控制和管理。众所周知,库存量过多会导致许多问题,如占用过多的流动资金,并为此付出相应的利息;同时,过多的存货还会产生更多的仓库费用,如仓储费、保险金、劳务费等;此外,存货时间过长还会导致产品/商品的变质、过时、失效等损失。但是连锁企业若为了避免以上问题而降低库存,则又会出现缺货率上升的风险。因此,综合考虑各种因素,进行合理的库存管理对于连锁企业来说具有重大的现实意义。库存管理的作用包括:

(1)库存管理能降低企业的仓储费用等综合成本;

(2)库存管理能帮助企业减少流动资金的占用,缓解必须尽早采购商品的压力,可以根据市场需求波动,适时、适量、适价采购商品。

(3)库存管理有助于提高企业的服务水平,防止缺货现象的发生。

存货部门对库存的管理,可以结合物联网、LBS、人工智能、云计算、大数据、区块链等技术实现产品/商品的盘点、跟踪溯源、数量、存储时间、产品结构等方面的管理。

库存是指处于存储状态以备将来销售或者耗用而储备的物品;广义的库存包括处在制造加工状态和运输状态的物品。原材料、材料部件、零部件、产品、商品等都属于库存的范畴。

库存管理是供应链管理中非常重要的一个环节,库存解决了供给与消费之间的矛盾;但库存也会占用企业资金,库存量越大,占用的企业资金越多,耗费的成本就越高;库存的时间越长,库存管理所需要的费用也就越高。企业要通过科学的库存管理来实现控制库存成本的目的,实现提升客户满意度的目的。

一、入库作业

入库作业是仓储作业管理的第一个环节,是仓库业务管理的开始。明确规范、按流程操作是入库作业完成的保障。

(一)入库作业规范

入库作业包含了入库准备、接运卸货、入库检查与交接、入库操作等工作。入库管理的工作始于入库作业计划的编制,指导、控制入库作业。

1. 入库作业计划编制

连锁企业的入库作业开始于采购部采购员的入库申请。供应商按收到连锁企业采购部的订货单进行备货、送货,并向连锁企业采购部发出送货单,采购部对各供应商的送货单分类汇总,形成入库申请,发送给存货部门,存货部门按接收到的入库申请制订入库作业计划,并将计划传递给相应的供应商和相应的仓库。

入库作业计划要结合到货时间、接运方式、包装单元与状态、货物参数与性质等信息,分析仓库的人、财、物情况,对即将到来的物料、货物做出合理存储规划与安排。

2. 入库准备

存货部门的管理人员完成入库作业计划的编制,相应的接货仓库对入库作业计划进行分析,并做出所需货位、入库设备设置、入库作业所需人员的统筹安排。

3. 接运卸货

接运工作是仓库业务活动的开始,是物品入库和保管的前提。在接运货物的时候要做好物料、货物的初步检验,以界定责任。初步检验合格后方可卸货。

4. 入库检查与交接

入库检查与交接因接运卸货的形式不同,所发生的地点不同。

(1)核查入库凭证。入库申请、购销合同、订货单属于连锁企业内部的原始凭证,送货单、装箱单、磅码单、原产地证明等属于由供应商提供的单证,运单属于由承运人提供的单证;这些单证上对货物的描述要相符。

(2)物料与货物的检验。连锁企业应根据单证上对货物的描述逐项检验,包括对数量、重量、质量、包装、安全卫生性等方面的检验。检验不合格的不得入库,需逐级请示,按批复进行作业。在收到批复前,应将物料与货物存在指定区域,并做好隔离标识。

(3)交接。仓库明确合格与不合格物料与货物的责任后,进行接收作业,包括货物交接、文件交接、单证交接签署。

5. 入库操作

在入库的检查与交接工作中,仓管员要完成入库单的生成或录入,生成、录入的依据主要有入库申请、购销合同、订货单、送货单、退货单、补货单等单据,之后仓管员将入库单传递给采购、财会等相关部门。不同类型的连锁企业,根据其入库"物"的不同来源,可以将入库单分为采购入库单、产成品入库单、其他入库单;对于连锁零售企业,其入库单主要为采购入库单与其他入库单,对于因操作失误而重新入库的商品可列入其他入库单,对于销售点/门店、电子商务的退回商品也可列入其他入库单;不同的连锁企业有不同的做法,入库单也有不同的名头。

(二)入库作业流程

根据入库作业规范,相关部门可以明确工作职责与边界,从而绘制入库作业流程。表5-18是根据表中工作职责和边界的描述绘制的入库作业流程。

表 5-18　　　　　　　　　　　　　入库作业流程

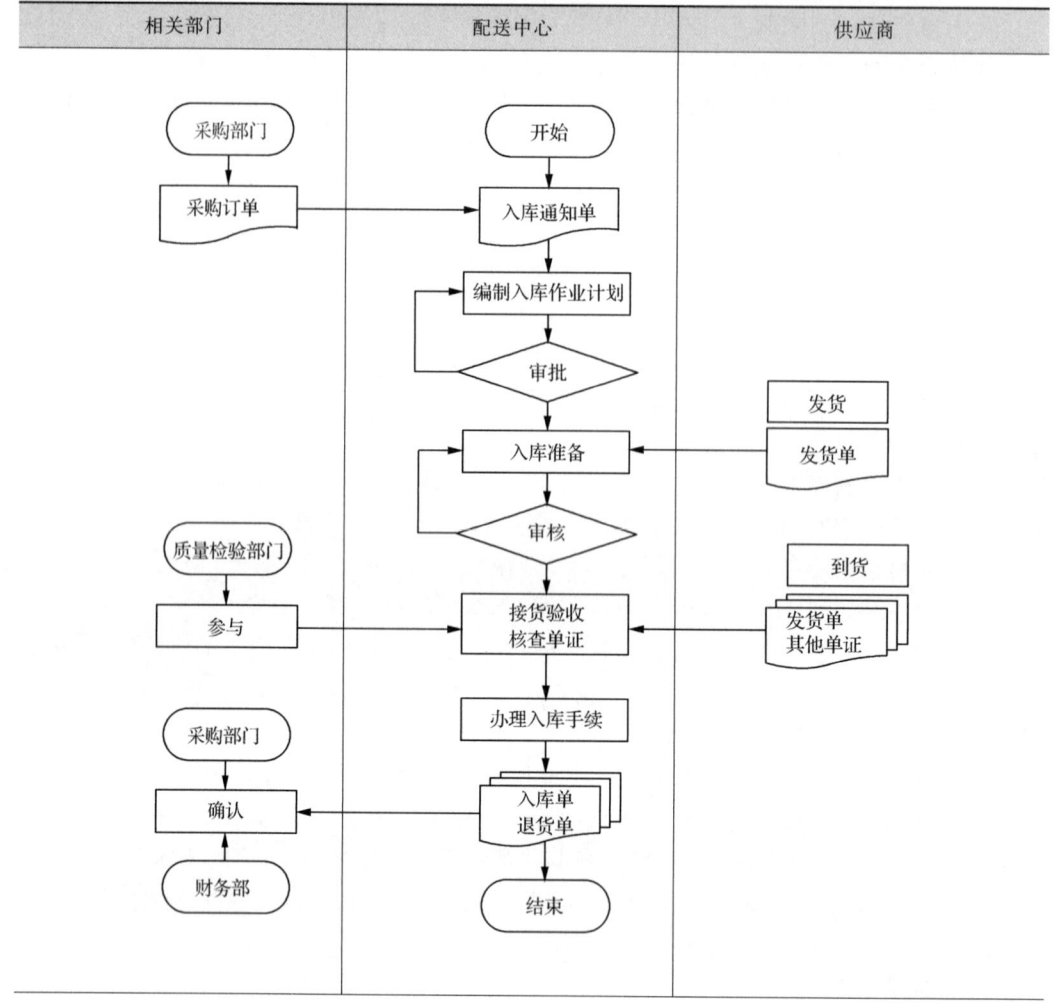

编制部门：配送中心

工作边界：工作开始于入库作业计划的编制，信息系统输入为入库通知单；工作结束于入库手续的办理，信息系统输出为各种入库单、退货单。

工作职责：

基层工作员工负责按采购订单生成入库通知单，并按照入库通知单做好入库计划的编制，按照入库作业计划完成接货工作。单证核查与接货验收人员不可为同一人。

部门主管负责审核入库作业计划，审核入库准备工作，核对单证。

质量检验部门对需要内质检验的货物进行检验，出具检验报告。

采购部门负责传递采购订单，收取入库原始单证。

财务部负责收取入库原始单证

二、在库作业

进货上架工作是入库作业与在库作业的工作分界。

(一)在库作业规范

在库作业规范可以指导在库作业管理的实际作业操作。在库作业规范可以从在库准备、搬运装卸与堆码苫垫、损益管理三方面来考虑。

1. 在库准备

存货部门接到进货的信息,结合货物的自然属性、运营特性,完成入库作业计划,同时做好入库后货物的在库储存方案。

2. 搬运装卸、堆码苫垫

库存部门的仓管员按入库单生成在库上架单,进行搬运装卸、堆码苫垫的作业。先进的仓库可实现机器人自动化操作,并能利用 LBS、RF 等技术对上架操作进行实时监控。

3. 损益管理

损益管理的业务操作很简单,仓管员对在库货物进行定期、不定期的检查,对出现的货损以入库、出库、报损等形式进行对冲或平账;对出现的货物溢出则以入库、报溢等形式进行平账。但为了优化管理,中层管理者、高层管理者要针对损益进行分析,查找管理方面的原因,做出管理上的改善。

(二)盘点作业

盘点是在库作业中常见而重要的工作。连锁企业通过盘点可以查清产品/商品的实际库存量、计算连锁企业资产的损益、及时发现产品/商品管理中存在的问题。盘点作业的主要内容有产品/商品的数量、质量、保管条件、安全库存状况,账务落实情况,仓库 5S 等。

盘盈盘亏的原因要查明,处理方案要上报,根据盘盈盘亏涉及金额的不同设置不同层级管理人员的审核、审批,审批通过后方可进行相应的处理业务。盘盈盘亏的处理业务可以有单独的业务设计、可以与损溢管理合并进行业务设计、可以以出入库管理进行平账操作。

盘点的方法有机器盘点、人-机盘点、人工盘点 3 种。大型连锁企业的仓库管理趋向智能仓库管理,这使得机器盘点成为可能,如利用 RF、条码、图像识别、传感器等技术+机器人即可实现机器盘点。现阶段,盘点技术仍以人-机盘点、人工盘点为主。

最后要厘清盘点作业的工作流程并规范操作。盘点工作流程为:第一步,生成盘点表。库存管理中建有不同的仓库,可按库生成盘点表。第二步,完成货位配置图的设置与配置。人-机盘点、人工盘点要将盘点货位配置图提供到盘点工作人员手中;机器盘点,要将货位配置图设置到无人机中。第三步,下发盘点作业任务。将盘点作业任务下发给盘点作业人员、启动手持终端、无人机的盘点工作指令。第四步,进行盘点作业。盘点工作人员、无人机按盘点表、盘点货位配置图开始盘点工作。第五步,复盘。对盘盈盘亏进行复盘,对混货、错货及时调整复位。第六步,填写盘盈盘亏汇总表。第七步,形成盘点工作总结,报上级审核、审批。按上级批复,对盘盈盘亏进行业务和管理上的处理。第八步,制作盘点卡。

表 5-19 是根据表中工作职责和边界的描述绘制的在库盘点作业流程。

表 5-19　　　　　　　　　　　在库盘点作业流程

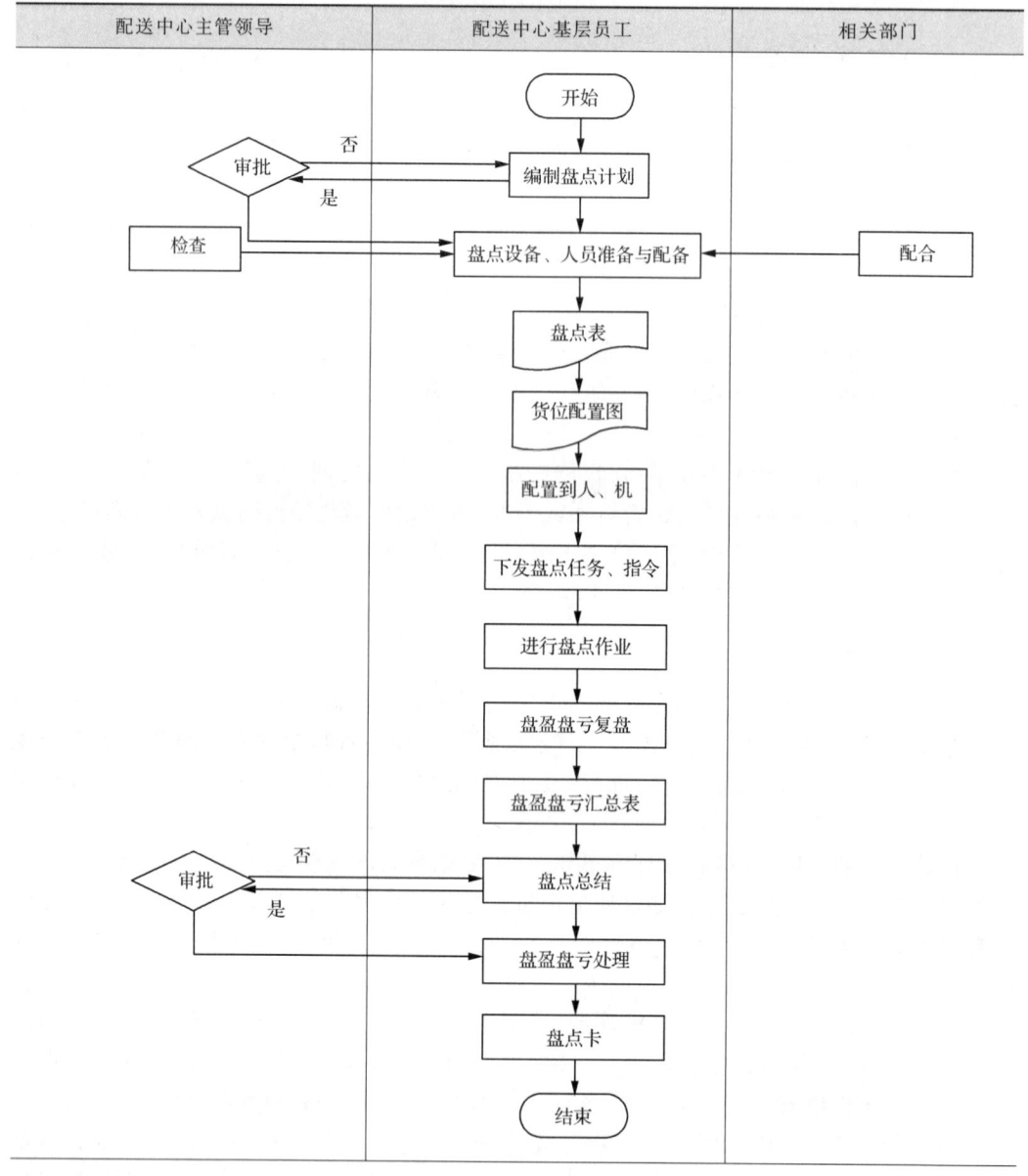

编制部门：配送中心

工作边界：工作开始于盘点计划的编制，信息系统输入为盘点表；工作结束于盘点卡的制作，信息系统输出为盘盈盘亏的处理。

工作职责：

基层员工编制盘点计划，执行盘点作业。

主管领导完成盘点计划的审批、盘点总结的审批，明确给出盘盈盘亏的处理与改进意见

三、出库作业

出库作业是仓储作业管理的最后一个环节,物品出库要做到"三不、三核、五检查"。"三不"即未接单据不翻账,未经审单不备货,未经复核不出库;"三核"即在发货时,要核对凭证、账卡、实物;"五检查"即对单据和实物要进行品名、规格、包装、数量、重量的检查。这"三三五"体现了连锁企业在出库管理上的内部控制,降低了企业风险。

出库作业主要包括了拣选备货、配货、点交、出库整理、退货处理等作业操作。出库管理要从计划开始,指导、控制出库作业。出库作业流程可参见表 5-20。

1. 出库计划的编制

连锁企业的出库作业始于请购部门的请购申请,请购申请来自销售点/门店、电子商务、生产部等部门的需求提出和销售部门的销售订单。库存量高于安全库存时,存货部门生成拣货单,库存量低于安全库存时,存货部门生成请购单,经审核后上报采购部。

连锁零售企业的出库计划实质就是配送计划。配送计划的编制涉及拣选作业、车辆配载、门店配送顺序、配送路线等方面的合理安排。

以下以连锁零售企业商品配送为例进行阐述。

2. 拣选备货

存货部门对销售点/门店、电子商务发来的请购请求(进货单、订货单等)汇总,按一定规则,以方便出库工作为目标,生成出库单、拣选单。拣货人员按拣选单实施拣选作业,同时完成商品出库的第一次检验工作。

3. 配货

分拣作业完成之后,拣货人员将商品放入指定的缓冲区,由配货检查人员按出库单对商品进行第二次检验工作。不合格的商品不发货,合格的商品按装载要求装载发运。

4. 点交

配货司机与销售点/门店当面对商品及随行单证逐笔核对,在出库单上填写交接时间、商品数量与质量等内容,并签名、签署门店名称。

5. 出库整理

商品出库完毕后,配送中心工作人员一要做好配送中心的清理工作,二要做好销账工作,做到账账相符、账卡相符、账实相符,并将相应的单证存档。

6. 退货处理

因在配送的过程中,送错、损坏、过期等问题不可避免,所以销售点/门店的退货作业就会时有发生。配送中心针对不同情况的退货进行不同的处理作业。连锁零售企业可以将退回的没有质量问题的商品重新进行入库操作;可以将有质量问题的商品进行损益管理,做入库或出库作业;可以将没有质量问题、仅是送错的商品进行门店之间的调拨处理。

表 5-20　　　　　　　　　　　　　　出库作业流程

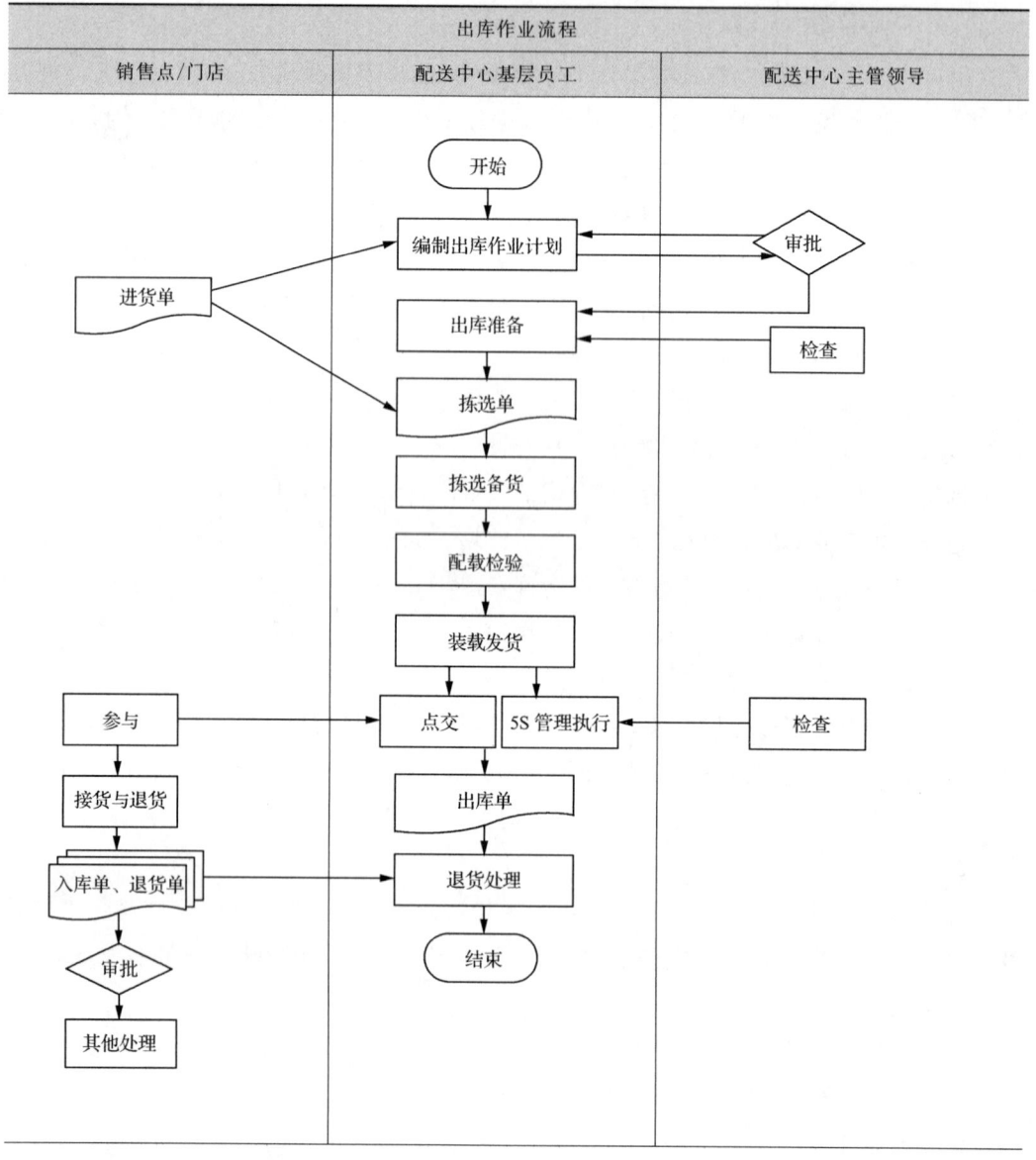

编制部门：配送中心

工作边界：工作开始于出库作业计划的编制，信息系统输入为拣选单；工作结束于退货处理，信息系统输出为出库单。

工作职责：

基层员工完成出库作业计划的编制、拣选作业、配载作业、出库商品检验、退货处理。

主管领导完成出库作业计划的审批、出库准备工作的例行审核检查，明确给出盘盈盘亏的处理与改进意见。

销售点/门店负责按要求完成退货单、调拨单的填写提交

【练习 5.4】 门店 1 有顾客购买商品 A，发现无货，营业员进入信息系统查询发现距离 2 公里的门店 2 有商品 A，门店 1 如何操作才能将商品 A 在该门店销售。

任务实施

根据任务描述的工作边界、职责，绘制在库上架流程图。

巩固练习

1. 事务管理系统的实训操作

仓储管理信息子系统的实训操作。

2. 管理信息系统的实训操作

按规则完成仓储管理信息子系统的实训操作，并绘制实训软件配套的相关业务流程图。

3. 决策支持系统的实训操作

结合表 5-21 商品订货情况统计，进行管理分析，并做出配送中心布局决策。

表 5-21　　　　　　　　　　商品订货情况统计表

商品代码	商品名称	订货次数	订货量
3044459	A)散梅园香大米	640	182 500 斤
3039055	A)双汇王中王 80g	594	123 550 根
3037725	A)统一老坛酸菜桶面 127g	571	26 664 桶
3044497	散天谷禾田香灿米	538	130 950 斤
3039497	双汇鸡肉肠 25g*9	530	13 170 根
3038193	统一 100 老坛酸菜面 121g*5	493	15 936 包
3035367	散白糖	470	280 900 包
3039105	双汇王中王 70g	462	93 950 根
3044457	散梅园香优质大米	448	113 250 斤
3004559	A)好德金百利听装满萝啤酒 330ml	444	86 832 听
3039627	双汇泡面拍档香肠 45g	442	74 820 根
3007601	光明莫斯利安活性酸奶 190ml	427	124 368 盒
3007687	A)旺仔利乐包牛奶 125ml	423	42 120 袋
3038061	A)康师傅红烧牛肉面 100g*5	420	9 108 包
3039299	双汇王中王 60g	417	53 160 根
3039063	A)双汇爆炒肠 200g	415	11 780 根

强化训练

一、不定项选择题

1.以下不属于企业销售管理业务规范的是(　　)。
A.销售计划的制订　　B.销售合同的订立　　C.销售执行　　D.销售定价

2.以下属于数字营销方式与手段的是(　　)。
A.POP 广告　　B.慈善捐赠　　C.微信公众号　　D.展览会

3.以下属于传统促销方式与手段的是(　　)。
A.二维码　　B.微博　　C.电话营销　　D.App

4.以下属于价格管理业务规范的是(　　)。
A.产品/商品价格　　　　　　B.客户/会员价格
C.折扣与折让价格体系　　　　D.品类价格体系
E.调价

5.(　　)对上报的销售价格进行成本分析测算,若符合连锁企业要求,则报相关领导审批。
A.财会部门　　　　　　B.销售/营销部门
C.销售人员　　　　　　D.人力资源管理部门

6.在促销管理业务规范中,促销计划编制的第一步是要(　　)。
A.明确促销目标　　　　　　B.做好促销组合的选择
C.做好促销活动的支出预算　　D.进行总结与反馈

7.以下不属于采购管理业务规范的是(　　)。
A.采购计划的制订　　　　　　B.订货单的发出
C.采购合同的订立与审核　　　D.品类价格体系

8.在连锁零售企业采购管理中,销售点/门店属于(　　),负责提出商品需求申请。
A.请购部门　　　　　　B.需求提出部门
C.生产部门　　　　　　D.人力资源管理部门

9.库存管理的功能包括(　　)。
A.降低企业的仓储费用等综合成本
B.减少流动资金的占用,降低盘点资产
C.防止缺货
D.以上都是

10.入库作业流程中,编制入库作业计划之后,下一步是(　　)。
A.入库申请　　B.入库验收　　C.入库准备　　D.信息处理

二、填空题

1.进行合同订立前的销售谈判,企业应当指定专门人员就(　　)、信用政策、(　　)、(　　)等具体事项与客户进行谈判。

2. 销售部门按照经批准的销售合同编制销售计划,向发货部门、配送中心、仓库、门店下达(　　)。

3. 在价格管理业务规范中,销售/营销部门通过对(　　),形成客户/会员价格体系。

4. 采购一般要遵循五个原则,分别是合适的价格、(　　)、(　　)、(　　)、合适的地点。

5. 按采购实施的方式可将采购分为(　　)、间接采购、(　　)、合作采购。

三、判断题

1. 价格是营销组合中的关键要素,它是给企业带来收入的唯一因素。(　　)

2. 大型连锁企业和中小微型连锁企业有着各自不同的价类体系。(　　)

3. 采购管理与采购合同是分不开的,采购合同的订立是做好采购管理的基础。(　　)

4. 在库作业流程中,装载发货属于在库作业。(　　)

5. 点交是指配货司机与销售点/门店当面对商品及随行单证逐笔核对,在出库单上填写交接时间、商品数量与质量等内容,并签名、签署门店名称。(　　)

学习单元六

连锁企业电子商务应用

目标体系 ▶▶▶

知识目标	能力目标
掌握电子商务的分类； 理解电子商务的内涵； 了解电子商务对社会的影响； 了解电子商务产生的条件； 了解电子支付的发展； 掌握电子支付类型、特点、支付过程； 了解电子商务支付系统的安全性	能够整理代表企业的电子商务发展历程资料

知识体系 ▶▶▶

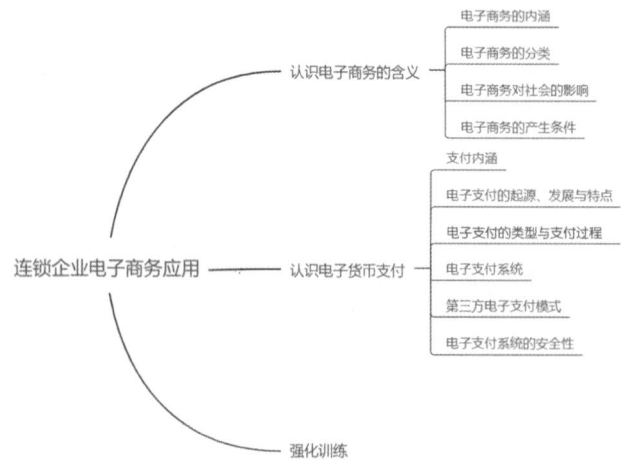

任务一　认识电子商务的含义

任务描述

现在,人们足不出户就可以购买全世界的商品,可以做到家事、国事、天下事的清楚了然,可以做到水费、电费、物业费、手机费的快速支付,可以做到个人征信证明、缴税、还书的快速办理,可以实现博物馆的云参观,可以聆听知名教授的精彩授课……

以上描述中,哪些属于电子商务呢?这些行为给你的生活带来了怎样的改变和影响?

任务分析

电子商务是人们耳熟能详的一个词语,淘宝、天猫、京东、苏宁易购是人们熟悉的网店,那么电子商务是不是就仅包含网店这一种形式呢?任务描述中提到的缴费支付业务、行政事务、云参观、云授课是否也属于电子商务呢?作为高职新商科专业的学生需要掌握电子商务的相关知识,了解电子商务对社会的影响,从而能够更好地服务于连锁企业的电子商务发展。

相关知识

一、电子商务的内涵

电子商务是在 20 世纪 90 年代兴起于发达国家的一个新概念,电子商务是一个正在迅速发展的学科。目前国际上尚无统一的电子商务定义,在其形成和发展过程中,人们有着各自不同的理解。

尽管人们从不同的角度阐述了电子商务的定义,但总体而言,人们对电子商务的认识归纳起来有广义和狭义之分。

1. 广义的电子商务

广义的电子商务指利用信息技术、因特网和现代通信技术使得商业活动涉及的各方当事人(如企业、消费者、政府)借助于电子方式联系,无须依靠纸质文件完成单据的传输,从而进行各种商务活动,实现商品和服务交易以及交易管理等活动的全过程电子化。简单地说,电子商务就是利用计算机网络进行的各项商务活动,它的实质是一套完整的网络商务经营思想及管理信息系统。

2. 狭义的电子商务

狭义的电子商务单指电子贸易,主要是指借助于计算机网络从事的各种商务活动。它的主要内容包括:电子商情广告、电子选购和交易、电子交易凭证、电子支付与结算等。

综上所述,我们认为:电子商务通常是指在全球各地广泛的商业贸易活动中,各种具有商业活动能力和需求的社会实体(如企业、消费者、金融机构、政府组织等)采用计算机网络和各种数字化媒体技术等电子方式,遵循规范有序的市场原则,实现商品交易和服务交易的一种新型的贸易方式。

二、电子商务的分类

一些学者将电子商务分类的表达为:X to X(一些书籍表示为 X2X),to 左边的 X 一般表示卖方,to 右边的 X 一般表示买方,to 表示电子商务买卖双方的关系。

交易双方可以是企业家或商家(Business)、消费者(Consumer)或个人客户(Customer)、政府(Government)和各个国家。根据交易双方的对应关系,可对电子商务进行划分,这是最基本的电子商务分类。

1. 企业对企业的电子商务 B to B

企业对企业的电子商务,也称为商家对商家或商业机构对商业机构的电子商务。它是指商业机构(或企业、公司)使用 Internet 或各种商务网络向供应商(企业或公司)订货、接收发票和付款。任何企业都可以利用电子技术和电子数据交换(EDI)技术,将企业的主要商务处理过程或交易业务过程连接起来,形成网上虚拟企业。因此,企业之间的电子商务发展最快,特别是通过增值网络(VAN)上运行的电子数据交换,使企业对企业的电子商务得到了迅速扩大和推广。B to B 的典型是中国供应商、阿里巴巴、中国制造网等。

2. 企业对消费者的电子商务 B to C

企业对消费者的电子商务,也称商家对个人客户或商业机构对消费者的电子商务。企业对消费者的电子商务基本等同于商业电子化的零售商务,网上企业对消费者的电子商务基本等同于网上销售和网上购物。随着万维网的出现及其技术的发展,这种模式的电子商务发展较快。目前,在因特网上已遍布各种类型的商业中心,提供各种商品和服务。

3. 消费者对消费者的电子商务 C to C

消费者对消费者的电子商务是消费者之间的网络在线式销售交易活动,如 eBay、淘宝网等。这种商务模式为买卖双方提供一个在线交易平台,让卖方在这个平台上发布商品信息或者提供网上商品拍卖,让买方自行选择和购买商品或参加竞价拍卖。消费者对消费者的电子商务是电子商务中十分重要的一种形式。

4. 政府对企业的电子商务 G to B

政府对企业的电子商务主要表现在网上征收企业税。

5. 政府对消费者的电子商务 G to C

政府对消费者的电子商务主要表现在网上征收个人所得税。

【练习 6.1】 举例说说常见的电子商务分类。

自学:
深度解锁新零售

三、电子商务对社会的影响

电子商务大大超越了作为一种新的贸易形式所具有的价值,对社会变革产生了深远影响,打破了时空等限制。它不仅改变了企业本身的生产、经营、管理活动,而且对社会经济发展、政府、消费者等都产生了重大的影响。

1. 电子商务对社会经济发展的影响

电子商务将传统的商务流程电子化、数字化。电子商务一方面以电子流代替了实物流,可以大量减少人力、物力,降低成本;另一方面突破了时间和空间的限制,使得交易活动可以在任何时间、任何地点进行,从而大大提高效率。总体而言,电子商务给传统贸易方式带来了巨大的冲击,其最明显的标志包括:增加贸易机会、降低贸易成本、提高贸易效益。它大大地改变了商务模式,带动了经济结构的巨大变革,对现代经济活动产生了深远的影响。

(1)促进全球经济的发展。电子商务带来的最直接的好处是由于贸易范围的空前扩大而产生的全球贸易活动的大幅度增加,促进全球范围的经济形势向良好的增长趋势发展。电子商务可以使企业构筑覆盖全球的商业营销体系,实施全球性经营战略,加强全球范围内的经贸合作,促进世界经济的发展。

(2)促进知识经济的发展。电子商务是现代科学技术在商务领域的应用,其属于知识经济的范畴。知识经济的特征在于知识成为经济增长的关键。电子商务不仅可以减少大量人员的流动、节省时间、提高效益、降低商务劳动成本,而且因电子信息有不受时空限制的特点,还可以便捷地将信息及时传遍全世界,从而大大减少因信息不对称造成的商品积压,提高商品的产销率,促进经济发展。

(3)促使新兴行业的产生。在电子商务环境下,传统的商务模式发生了根本性的改变,许多业务流程由原来的集中管理变为分散管理,社会分工逐步变细,因而会产生许多新兴行业。

2. 电子商务对企业的影响

电子商务对企业的影响主要包括对企业经营环境和企业管理两方面的影响。

(1)电子商务对企业经营环境的影响。一是市场模式。电子商务的普遍应用促使经济从迂回经济向直接经济过渡,其实质是减少了中间费用、库存和流动资金,使生产直达消费。二是商业结构。在网络经济下,越来越多的厂商拥有了自己的网页,在网上直接发布产品信息和价格信息,中介将大批消亡,新兴产业将兴起;三是行业结构。首先,以服务为主的新行业产生(如网络交易中心、电子市场、电子商务应用软件开发公司等);其次,电子商务系统的建立,使得大规模的跨国组织、跨地区的商业活动成为可能。四是竞争方式。电子商务向企业提供了更多的开拓市场的机会,扩大了企业的竞争领域,使企业竞争从常规的广告、促销、产品设计与包装等扩大到无形的虚拟市场的竞争,缩短了新商品进入市场实践的环境,使得企业有寻求新的竞争优势的机会。

(2)电子商务对企业管理的影响。电子商务对企业经营环境产生了一定影响,为适应企业经营环境的变化,企业在企业管理方面就要做出相应的战略调整。因此,电子商务对企业管理的影响是巨大的,主要表现在三个方面:①组织结构。以因特网为基础的电子商务给传统的企业组织形式带来了很大冲击,打破了传统职能部门依赖分工与协作完成整个工作的过程。企业间的业务单元不再是封闭的金字塔式结构,而是互相沟通、互相学习的网络结构,这种结构使业务单元通过信息交流渠道,共享信息资源,增加利润,减少摩擦。此外,在电子商务的模式下,企业的经营活动打破了时间和空间的限制,出现了一种类似于无边界的新兴企业——虚拟企业。②管理模式。在电子商务框架下,企业组织信息传递的方式由单一的"一对多"到双向的"多对多"转换,信息无须经过中间环节就可以到达沟通双方,工作效率明显提高。这种组织结构的管理模式被称为"第五代模式",其主要特点如下:一是企业内部构造了内部网、数据库;二是中间管理人员获得更多直接信息,他们在企业管理决策中发挥的作用更大,使整个组织架构趋向扁平化;三是企业管理由集权制向分权制转化。③生产经营。电子商务对企业生产经营的影响主要表现如下:降低企业的交易成本、减少库存和产品的积压、缩短企业的生产周期、增加企业的交易机会、减轻企业对实物的依赖、提供更有效的客户服务。

> **思政园地**
>
> **国务院联防联控机制:电子商务促进消费 继续推动线上线下融合**
>
> 　　新华社北京4月25日电(记者 董瑞丰、王希)由商务部、工业和信息化部、国家邮政局、中国消费者协会共同组织的"双品网购节"将于4月28日至5月10日举行,超过109家平台和企业参与,通过促销让利,进一步提振消费活力。
>
> 　　商务部电子商务司副司长蔡裕东于25日在国务院联防联控机制新闻发布会上介绍,电子商务在疫情期间发挥了独特而重要的作用,促进了消费回补和潜力释放。有关部门正在积极推动企业复工复产复商复市,及时协调各电商企业遇到的实际困难,同时积极想办法活跃消费市场,指导各地因地制宜开展一系列网络促销活动。
>
> 　　根据国家统计局数据,一季度网络零售规模与去年同期基本持平,实物商品网上零售额增加了5.9%。商务大数据对350万家平台内商户统计显示,复工率已近90%。
>
> 　　蔡裕东说,商务部非常重视线上线下融合发展,通过开展数字商务企业创建、打造各类创新载体、加强政企联动等方式,着力提高商务领域的数字化、智能化、融合化发展水平。
>
> 　　疫情发生以来,多家电商龙头企业推出远程办公的数字化工具,帮助大量线下企业复工复产,大型商超连锁加强与线上平台的合作,打通线上线下全渠道营销。线上线下融合成为众多企业求生存谋发展的重要手段。
>
> 资料来源:中华人民共和国中央人民政府

四、电子商务的产生条件

　　电子商务最早产生于20世纪60年代,发展于20世纪90年代。与人类历史上任何一种发明创造和任何一种新生事物的出现一样,电子商务的产生和发展是社会发展的必然,但是其背后必然有着长期的社会积累、技术积累和人员积累。概括地说,电子商务能够产生和发展的重要条件主要有以下几个方面:

1. 计算机的广泛应用

近 30 年来，计算机的处理速度越来越快，处理能力越来越强，价格越来越低，应用越来越广泛，计算机的使用已经扩大到社会的各个领域，这为电子商务的应用提供了基础。

2. 信息网络的普及和成熟

信息网络尤其是 Internet 逐渐成为全球通信与交易的媒体，其快捷、安全、低成本的特点以及全球上网用户增长的趋势为电子商务的发展提供了应用条件。

3. 信用卡的普及应用

信用卡以其方便、快捷、安全等优点成为人们消费支付的重要手段，并由此形成了完善的全球性信用卡计算机网络支付与结算系统，使"一卡在手、走遍全球"成为可能，同时也为电子商务中的网上支付提供了重要的手段。

4. 各种支持网络交易的电子安全交易协议的制定

世界各国、各种国际组织和跨国企业纷纷制定支持网络交易的安全交易协议，为电子商务提供了安全的标准。1997 年 5 月 31 日，由美国 VISA 和 MasterCard 国际组织等联合指定的 SET（Secure Electronic Transfer Protocol）即电子安全交易协议出台，该协议得到大多数厂商的认可和支持，为在开发网络上的电子商务提供了一个关键的安全环境。

5. 政府的支持与推动

自 1997 年欧盟发布了欧洲电子商务协议，美国随后发布"全球电子商务纲要"以后，电子商务受到世界各国政府的重视，许多国家的政府开始尝试"网上采购"，这为电子商务的发展提供了有力的支持。

6. 全社会的关注

全社会已经有了电子商务交易的技术环境和平台，因此越来越多的人采用或即将采用这种交易方式。

任务实施

以列表的形式对任务描述中电子商务的类型进行分类归属。以自己经历为例说一说电子商务对社会的影响。

巩固练习

网络调查：了解企业电子商务发展历程

以小组为单位完成连锁零售企业的电子商务发展历程调研，并以 PPT、WORD 形式提交、进行课堂展示。

小组：4～6 人组成一个小组

企业：沃尔玛、顺丰、京东、胖东来、阿里巴巴等连锁商贸企业

要求：小组成员分工明确，团结合作。

调查报告中应含有以下内容：企业发展电子商务的类型，企业电子商务发展的原因，企业使用电子支付的模式，电子商务给企业带来的优势、劣势、机会、威胁。

任务二　认识电子货币支付

任务描述

小明的企业经历了几年的发展,更新换代了几批支付设备,淘汰的支付设备很不值钱,销售部经理建议将支付设备、支付系统、支付过程制作成图文展示,通过科普的形式吸引青少年,从而吸引更多的消费者光顾零售门店。

请你来负责此项工作,完成特色的支付文化图文展示的制作工作。

任务分析

支付文化的图文展示离不开对支付起源的了解,离不开对电子支付相关知识的学习。在图文展示制作中,应沿着支付类型的历史发展脉络,配齐支付设备,厘清支付过程,展示支付安全性。让支付文化图文展示通过科普的形式吸引更多消费者驻足,达到门店引流的目的。

相关知识

一、支付内涵

支付又称付出、付给,多指付款,是发生在购买者和销售者之间的金融交换,是社会经济活动所引起的货币债权转移的过程。支付包括交易、清算和结算。对于连锁零售企业的零售业务来讲,支付就是消费者的货币债权转移给连锁零售企业。

连锁零售企业在贸易往来中采用的支付工具可分为传统的支付工具和现代电子支付工具。传统的支付工具主要是现金和票据(支票、本票、汇票),现代的支付工具主要有银行卡、储值卡、虚拟卡、电子票据、电子现金。

二、电子支付的起源、发展与特点

20世纪90年代,国际互联网迅速走向普及化,逐步从大学、科研机构走向企业和家庭,其功能也从信息共享演变为一种大众化的信息传播手段,商业贸易活动逐步进入互联网这个王国。企业通过使用互联网,既降低了成本,也造就了更多的商业机会,这助推了电子商务技术的发展,使其逐步成为互联网应用的最大热点。为适应电子商务这一市场潮流,电子支付随之发展起来。

2005年10月,中国人民银行公布《电子支付指引(第一号)》,规定:"电子支付是指单位、个人直接或授权他人通过电子终端发出支付指令,实现货币支付与资金转移的行为。电子支付的类型按照电子支付指令发起方式分为网上支付、电话支付、移动支付、销售点终端交易、自动柜员机交易和其他电子支付。"简单来说电子支付是指电子交易的当事人,包括消费者、厂商和金融机构,使用安全电子支付手段,通过网络进行的货币支付或资金流转。电子支付是电子商务系统的重要组成部分。

1. 电子支付发展阶段

第一阶段是银行利用计算机处理银行之间的业务。

第二阶段是银行计算机与其他机构计算机之间资金的结算,如代发工资等业务。

第三阶段是利用网络终端向客户提供各项银行服务,如自助银行。

第四阶段是利用银行销售终端向客户提供自动的扣款服务。

第五阶段是最新阶段也就是基于 Internet 的电子支付,它将第四阶段的电子支付系统与 Internet 整合,实现随时随地的通过 Internet 进行直接转账结算,形成电子商务交易支付平台。

2. 电子支付的特点

与传统的支付方式相比,电子支付具有以下特征:

(1)电子支付是采用先进的技术通过数字流转来完成信息传输的,其各种支付方式都是采用数字化的方式进行款项支付的;而传统的支付方式则是通过现金的流转、票据的转让及银行的汇兑等实体流转来完成款项支付的。

(2)电子支付的工作环境是基于一个开放的系统平台(因特网)之中;而传统支付则是在较为封闭的系统中运作。

(3)电子支付使用的是最先进的通信手段,如因特网、Extranet;而传统支付使用的则是传统的通信媒介。电子支付对软、硬件设施的要求很高,一般要求有联网的计算机、相关的软件及其他一些配套设施;而传统支付则没有这么高的要求。

(4)电子支付具有方便、快捷、高效、经济的优势。用户只要拥有一台能上网的 PC,便可足不出户,在很短的时间内完成整个支付过程。支付费用仅相当于传统支付的几十分之一,甚至几百分之一。

三、电子支付的类型、流程及实现方式

1. 电子支付的类型

电子支付的类型按电子支付指令发起方式分为网上支付、电话支付、移动支付、销售点终端交易、自动柜员机交易和其他电子支付。

(1)网上支付。网上支付是电子支付的一种形式。广义地讲,网上支付是以互联网为基础,利用银行所支持的某种数字金融工具,发生在购买者和销售者之间的金融交换,实现从购买者到金融机构、商家之间的在线货币支付、现金流转、资金清算、查询统计等过程,由此为电子商务和服务、其他服务提供金融支持。

(2)电话支付。电话支付是电子支付的一种线下实现形式,是指消费者使用电话(固定电话、手机)或其他类似电话的终端设备,通过银行系统就能从个人银行账户里直接完成付款的方式。

(3)移动支付。移动支付是使用移动设备通过无线方式完成支付行为的一种新型的支付方式。移动支付所使用的移动终端可以是手机、PDA、移动PC等。

2. 电子支付的流程

电子支付的流程通常如下所述:

(1)根据购买的商品的价格,客户填写银行卡号,并将这些信息提交给商家。

(2)商家将需转账的金额及自己的账号一同转给支付网关。支付网关的作用是将外部的公用网络与银行的内部网络隔离开来,以保证银行内部网络的安全。

(3)支付网关验证客户的银行卡号是否有效。如果有效,则请求银行冻结客户卡内的款项,将信息转给该商家,告诉商家可以支付给客户商品。

(4)商家告诉客户可以完成此订单。

(5)商家发出信息给支付网关,请求兑现。

(6)支付网关将客户卡内冻结的款项划到商家账号内。

3. 电子支付的实现方式

(1)信用卡支付。信用卡支付可以在现实世界和网络世界中使用,在因特网上使用时,它可以在各个银行相互认可的前提下,在不同银行之间进行资金的流转,从而能够更加快捷地实现电子支付,是电子支付中最常用的方法之一。

(2)电子货币。电子货币是指利用计算机及其网络进行储存支付和流通的一种非现金流通的货币。电子货币具有支付适应性强、变通性好、交易成本低廉等特点,是电子支付的最为重要的载体。

(3)电子支票。电子支票是指将传统支票改变为带有数字签名的电子报文,或利用其他电子数据代替传统支票的全部信息。电子支票借鉴纸质支票转移支付的优势,利用电子数据传递将钱款从一个账户转移到另一个账户。使用电子支票进行支付,能够节约人力、物力成本,而且银行还能通过网络银行为参与电子商务的客户提供标准化的资金信息。因此,电子支票日益成为高效的电子支付手段。

思政园地

央行报告:成年人近九成有活跃账户、超八成用电子支付

新华社北京10月22日电(记者 吴雨)

中国人民银行日前发布报告称,2018年我国普惠金融继续稳步发展,金融服务覆盖率进一步提升,金融产品和服务创新成效明显。银行结算账户和银行卡广泛普及,成年人近九成拥有活跃账户,超八成使用电子支付。

人民银行发布的中国普惠金融指标分析报告称,全国人均账户和持卡量持续稳步增长,活跃使用账户拥有率较上年小幅提升。截至2018年年末,全国人均拥有7.22个银行账户,同比增长9.39%;人均持有5.44张银行卡,同比增长13.08%。2018年,全

国有 88.64% 的成年人拥有活跃使用账户，6 个月内有交易记录，比上年高 1.58 个百分点。

与此同时，我国积极稳妥推进移动支付等现代支付工具发展，取得较好成效。2018 年，全国使用电子支付成年人比例为 82.39%，比上年高 5.49 个百分点；农村地区使用电子支付成年人比例为 72.15%，比上年高 5.64 个百分点。

另外，报告显示，2018 年，全国平均有 47.81% 的成年人购买过投资理财产品，农村地区这一比例为 36.11%。获得过借款的成年人比例与上年基本持平。

报告认为，2018 年，中国人民银行系统联合相关部门出台了多项举措，引导金融资源更好地服务小微企业，有力支持小微企业合理的信贷需求，普惠口径小微贷款增长迅速。2018 年普惠口径小微贷款增加 1.22 万亿元，同比增加 6143 亿元。

资料来源：中华人民共和国中央人民政府

四、电子支付系统

目前的电子支付系统可以分为四类：大额支付系统、联机小额支付系统、脱机小额支付系统和电子货币。

1. 大额支付系统

大额支付系统是一个国家支付体系的核心应用系统，它通常由中央银行运行，采用 RTGS 模式。该系统主要处理银行间大额资金转账，通常支付的发起方和接收方都是商业银行或在中央银行开设账户的金融机构。当然也有由私营部门运行的大额支付系统，这类系统对支付交易虽然可做实时处理，但要在日终进行净额资金清算。大额系统处理的支付业务量很少，但资金额却很大。

2. 联机小额支付系统

联机小额支付系统指 POS 机系统和 ATM 系统，其支付工具为银行卡（信用卡、借记卡或 ATM 卡等）。它的主要特点是金额小、业务量大，交易资金采用净额结算。

3. 脱机小额支付系统

脱机小额支付系统也被称为批量电子支付系统，它主要指自动清算所（ACH），主要处理预先授权的定期借记（如公共设施缴费）或定期贷记（如发放工资）业务。支付数据以磁介质或数据通信方式提交清算所。

4. 电子货币

伴随着银行应用计算机网络技术的不断深入，银行已经能够利用计算机网络将"现金流动""票据流动"进一步转变成计算机中的"数据流动"。资金在银行计算机网络系统中以人类肉眼看不见的方式进行转账和划拨，这是银行业推出的一种现代化支付方式。这种以电子数据形式存储在计算机中（或各种卡中）并能通过计算机网络而使用的资金被人们越来越广泛地应用于电子交易中，这就是电子货币。常用的电子货币有①储值和信用卡型；②智能卡型；③电子支票型；④数字现金型（依靠 Internet 支持在网络上发行、购买、支付的数字现金）。

5. 电子支付系统构成

基于互联网的电子交易支付系统由客户、商家、认证中心、支付网关、客户银行、商家银行和金融专用网络七个部分组成。

（1）客户一般是指利用电子交易手段与企业或商家进行电子交易活动的单位或个人。它们通过电子交易平台与商家交流信息，签订交易合同，用自己拥有的网络支付工具进行支付。

（2）商家是指向客户提供商品或服务的单位或个人。在电子支付系统中，它必须能够根据客户发出的支付指令向金融机构请求结算，这一过程一般是由商家设置的一台专门的服务器来处理的。

（3）认证中心是交易各方都信任的公正的第三方中介机构，它主要负责为参与电子交易活动的各方发放和维护数字证书，以确认各方的真实身份，保证电子交易整个过程的安全稳定。

（4）支付网关是完成银行网络和因特网之间的通信、协议转换和进行数据加、解密，保护银行内部网络安全的一组服务器。它是互联网公用网络平台和银行内部的金融专用网络平台之间的安全接口，电子支付的信息必须通过支付网关进行处理后才能进入银行内部的支付结算系统。

（5）客户银行是指为客户提供资金账户和网络支付工具的银行，在利用银行卡作为支付工具的网络支付体系中，客户银行又被称为发卡行。客户银行根据不同的政策和规定，保证支付工具的真实性，并保证对每一笔认证交易进行付款。

（6）商家银行是为商家提供资金账户的银行，因为商家银行是依据商家提供的合法账单来工作的，所以又被称为收单行。客户向商家发送订单和支付指令，商家将收到的订单留下，将客户的支付指令提交给商家银行，然后商家银行向客户银行发出支付授权请求，并进行它们之间的清算工作。

（7）金融专用网络是银行内部及各银行之间交流信息的封闭的专用网络，通常具有较高的稳定性和安全性。

五、第三方电子支付模式

目前，我国电子支付主要存在四种模式：支付网关型模式、自建支付平台模式、第三方垫付模式、多种支付手段结合模式。

1. 支付网关型模式

支付网关型模式是指一些具有较强银行接口技术的第三方支付公司以中介的形式分别连接商家和银行，从而完成商家的电子支付的模式。如网银在线、上海环讯、北京首信等，它们只是商家到银行的通道而不是真正的支付平台，它们的收入主要是与银行的二次结算获得的分成,一旦商家和银行直接相连,这种模式就会因为附加值低而最容易被抛弃。

2. 自建支付平台模式

自建支付平台模式是指以拥有庞大用户群体的大型电子商务公司为主或自行创建支付平台的模式,这种模式的实质是以所创建的支付平台作为信用中介,在买家确认收到商品前,代替买卖双方暂时保管货款。这种担保使得买卖双方的交易风险得到控制,主要解决了交易中的安全问题,有利于提升消费者的忠诚度。采用自建支付平台模式的企业有淘宝网、易趣(eBay)、慧聪网、贝宝等。这种支付平台主要服务于母公司的主营业务,其发展也取决于母公司平台的规模大小。

3. 第三方垫付模式

第三方垫付模式是指由第三方支付公司为买家垫付资金或设立虚拟账户的模式。它通过买卖双方在交易平台内部开立的账号,以虚拟资金为介质完成网上交易款项支付,这样的公司有 99bill、Yeepay 等。

4. 多种支付手段结合模式

多种支付手段结合模式是指第三方电子支付公司利用电话支付、移动支付和网上支付等多种方式提供支付平台的模式。在这种模式中,客户可以电话、短信或者银行卡等形式进行电子支付。

六、电子支付系统的安全性

电子支付系统的安全要求包括保密性、认证、数据完整性、交互操作性等。目前,国内外使用的保障电子支付系统安全的协议包括 SSL、SET 等协议标准。

SSL 协议又称安全套接层方法(Secure Socket Layer,SSL)协议,其在网络上普遍使用,能保证双方通信时数据的完整性、保密性和互操作性,在安全要求不太高时可用。

SET 协议又称安全电子交易协议,是一个为在线交易而设立的一个开放的、以电子货币为基础的电子付款系统规范。SET 在保留对客户信用卡认证的前提下,又增加了对商家身份的认证。

任务实施

根据本节理论知识,借助于网络,完成支付文化图文展示的制作。

巩固练习

完成货币文化图文展示的制作。

强化训练

一、不定项选择题

1. 下列关于电子商务的分类说法错误的是（　　）。
   A. 企业对企业的电子商务 B to B
   B. 企业对消费者的电子商务 B to C
   C. 政府对企业的电子商务 O to B
   D. 政府对消费者的电子商务 G to C

2. 在电子商务的分类中，B to C 指的是（　　）。
   A. 企业对企业的电子商务
   B. 企业对消费者的电子商务
   C. 政府对企业的电子商务
   D. 政府对消费者的电子商务

3. 电子商务对社会经济发展的影响不包括（　　）。
   A. 促进全球经济的发展
   B. 促进知识经济的发展
   C. 促使新兴行业的产生
   D. 电子商务对企业经营环境的影响

4. 以下属于现代支付工具的有（　　）。
   A. 银行卡　　　B. 储值卡　　　C. 票据　　　D. 虚拟卡
   E. 电子现金

5. 以下不属于电子商务的特点的是（　　）。
   A. 电子支付是采用先进的技术通过数字流转来完成信息传输的
   B. 电子支付的工作环境在较为封闭的系统中运作
   C. 电子支付使用的是最先进的通信手段
   D. 电子支付具有方便、快捷、高效、经济的优势

6. 在电子支付流程中，"商家告诉客户可以完成此订单"的下一步是（　　）。
   A. 商家将需转账的金额及自己的账号一同转给支付网关
   B. 支付网关验证客户的卡号是否有效
   C. 商家发出信息给支付网关，请求兑现
   D. 支付网关将客户卡内冻结的款项划到商家账号内

7. 常用的电子货币有（　　）。
   A. 储值和信用卡型　　B. 智能卡型　　C. 电子支票型　　D. 数字现金型

8. 电子支付系统的安全性要求不包括（　　）。
   A. 保密性　　　B. 透明性　　　C. 数据完整性　　　D. 交互操作性

9. 目前，我国电子支付模式主要存在四种模式，包括（　　）。
   A. 支付网关型模式
   B. 自建支付平台模式
   C. 第三方垫付模式
   D. 多种支付手段结合模式

10. 下列不属于基于互联网的电子交易支付系统的是（　　）。
    A. 支付宝　　　B. 客户　　　C. 认证中心　　　D. 商家银行

二、填空题

1.（　　）是消费者之间的网络在线式销售交易活动即平常所说的网上拍卖,如eBay、淘宝网等。

2.支付包括交易、（　　）和（　　）。

3.电子支付的类型按照电子支付指令发起方式分为（　　）、（　　）、（　　）、销售点终端交易、（　　）和其他电子支付。

4.目前的电子支付系统可以分为四类:大额支付系统、联机小额支付系统、脱机小额支付系统和（　　）。

5.电子支付系统的安全要求包括（　　）、（　　）、数据完整性、交互操作性等。

三、判断题

1.广义的电子商务单指电子贸易,主要是指借助于计算机网络从事的各种商务活动。（　　）

2.电子支付使用的是最先进的通信手段,如因特网、Extranet;而传统支付使用的则是传统的通信媒介。（　　）

3.电话支付使用的移动终端可以是手机、PDA、移动 PC 等。（　　）

4.电子货币是以计算机及其网络进行储存支付和流通的一种非现金流通的货币。具有支付适应性强、变通性好、交易成本低廉等特点,是电子支付的最为重要载体。（　　）

参 考 文 献

[1] 曾琢寇长华.连锁企业信息管理系统[M].北京:科学出版社,2014

[2] 范兴昌.网上支付与结算[M].北京:教育科学出版社,2013.8

[3] 栾港.客户关系管理理论与应用[M].北京:人民邮电出版社,2019.10

[4] 蔡瑞林,张洪峰.销售管理实务[M].北京:人民邮电出版社,2015.8

[5] 陈孟建.电子商务网站运营与管理[M].北京:中国人民大学出版社,2018.1

[6] 宋晓晴.新网络营销[M].北京:人民邮电出版社,2017.8

[7] 王涛,李想.淘宝天猫网店运营从入门到精通[M].北京:人民邮电出版社,2018.7

[8] 哈默.新媒体写作平台策划与运营[M].北京:人民邮电出版社,2017.8

[9] 马费城,宋恩梅.信息管理学基础[M].武汉:武汉大学出版社.2011.8

[10] 高宝俊.管理信息系统[M].武汉:武汉大学出版社.2010.11

[11] 王靖,薛艳梅.管理信息系统[M].武汉:重庆大学出版社 2015.5

[12] 中生代技术社区.架构宝典[M].北京:电子工业出版社 2019.3

[13] 尼廷·维格勒卡等著;史跃东,徐林译.云端存储 ORACLEASM 核心指南[M].北京:清华大学出版社,2018.1

[14] 朱德利.SQL Server 2005 数据挖掘与商业智能完全解决方案[M].北京:电子工业出版社,2007.10

[15] 孙水华,赵钊林,刘建华.数据仓库与数据挖掘技术[M].北京:清华大学出版社,2012.12

[16] 刘金丰.企业云桌面、部署与运维[M].北京:机械工业出版社,2018.9

[17] 段文忠,王邦元.网店运营实务[M].合肥:中国科技大学出版社,2014.1

[18] 毛华杨.会计信息系统:用友 ERP－U8V10.1[M].北京:电子工业出版社 2015.6

[19] 顾元勋.产品架构评估原理与方法[M].北京:清华大学出版社,2019.10